Cuaderno de

refuerzo y práctica

Grado 4

Scott Foresman·Addison Wesley

enVisionMATH®
Common Core en español

PEARSON   Glenview, Illinois • Boston, Massachusetts • Chandler, Arizona • Upper Saddle River, Nueva Jersey

ISBN-13: 978-0-328-70675-4

ISBN-10: 0-328-70675-2

8   19

Contenido

Tema 1 Multiplicación y división:
Significados y operaciones básicas . . . . Refuerzo y práctica
1-1 a 1-10

Tema 2 Generar y analizar patrones . . . . Refuerzo y práctica
2-1 a 2-6

Tema 3 Valor de posición . . . . Refuerzo y práctica
3-1 a 3-6

Tema 4 Sumar y restar números enteros . . . . Refuerzo y práctica
4-1 a 4-6

Tema 5 Sebtido numérico: Multiplicar por números de 1 dígito . . . Refuerzo y práctica
5-1 a 5-6

Tema 6 Adquirir fluidez: Multiplicar por números de 1 dígito . . . . . Refuerzo y práctica
6-1 a 6-6

Tema 7 Sentido numérico: Multiplicar por números de 2 dígitos . . Refuerzo y práctica
7-1 a 7-5

Tema 8 Adquirir fluidez: Multiplicar por números de 2 dígitos . . . . . Refuerzo y práctica
8-1 a 8-5

Tema 9 Sentido numérico: Dividir por divisores de 1 dígito . . . . . . Refuerzo y práctica
9-1 a 9-6

Tema 10 Adquirir fluidez: Dividir por divisores de 1 dígito . . . . Refuerzo y práctica
10-1 a 10-8

Tema 11 Equivalencia y orden de fracciones . . . . Refuerzo y práctica
11-1 a 11-8

Tema 12 Sumar y restar fracciones y números
mixtos con el mismo denominador . . . . Refuerzo y práctica
12-1 a 12-11

Tema 13 Ampliar los conceptos de fracciones . . . . Refuerzo y práctica
13-1 a 13-10

Tema 14 Unidades de medida y conversiones . . . . Refuerzo y práctica
14-1 a 14-11

Tema 15 Resolver problemas de medición . . . . Refuerzo y práctica
15-1 a 15-5

Tema 16 Rectas, ángulos y figuras . . . . Refuerzo y práctica
16-1 a 16-11

Un paso adelante hacia el Grado 5 . . . . Refuerzo y práctica
1 a 10

Significados de la multiplicación

Hay 4 filas de 5.

Suma:

5 + 5 + 5 + 5 = 20

Multiplicación:

4 × 5 = 20

Hay 3 cajas. Hay 7 libros en cada caja.

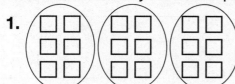

Hay 3 grupos de 7.

Suma:

7 + 7 + 7 = 21

Multiplicación:

3 × 7 = 21

Escribe una suma y una multiplicación para cada dibujo.

1.

Suma = 6 +6+6 Multiplicacion: 3x6=18

2. ☆ ☆ ☆ ☆
☆ ☆ ☆ ☆
☆ ☆ ☆ ☆

Suma=4+4+4=12 Multiplicacion:3×4=12

Escribe una multiplicación para cada suma.

3. 10 + 10 + 10 + 10 = 40   10 x4 =40

4. 3 + 3 + 3 + 3 + 3 + 3 = 18   3x6=18

5. Sentido numérico Explica cómo la multiplicación te ayuda a
hallar 7 + 7 + 7.

_____

Significados de la multiplicación

Escribe una suma y una multiplicación para el dibujo.

1.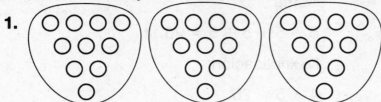

    _____

    _____

Escribe una multiplicación para cada suma.

2. $4 + 4 + 4 + 4 = 16$ _____

3. $10 + 10 + 10 + 10 + 10 + 10 = 60$ _____

4. **Sentido numérico** ¿Cómo usarías la multiplicación para hallar $7 + 7 + 7$?

    _____

5. Una mesa de una clase tiene 4 patas.
   ¿Cuántas patas tienen 5 mesas en total?   _____

6. Danielle sembró 3 semillas en cada una de
   6 macetas diferentes. ¿Cuántas semillas sembró?   _____

7. ¿Cuál es la operación de multiplicación de $2 + 2 + 2 + 2$?

    A $4 \times 4 = 16$

    B $2 \times 2 = 4$

    C $4 \times 2 = 8$

    D $2 \times 6 = 12$

8. **Escribir para explicar** Explica cómo usarías la multiplicación para hallar
   $2 + 2 + 2 + 2$.

    _____

    _____

Patrones de las operaciones básicas

Patrón	Ejemplo
Todos los múltiplos de dos son números pares.	2, 18, 44
Todos los múltiplos de 5 terminan en 0 ó 5.	25, 100, 220
Para todos los múltiplos de nueve, la suma de los dígitos siempre es un múltiplo de nueve.	27 2 + 7 = 9 63 6 + 3 = 9

1.
$$\begin{array}{r} 9 \\ \times\ 5 \\ \hline \end{array}$$

2.
$$\begin{array}{r} 2 \\ \times\ 8 \\ \hline \end{array}$$

3.
$$\begin{array}{r} 5 \\ \times\ 8 \\ \hline \end{array}$$

4.
$$\begin{array}{r} 9 \\ \times\ 4 \\ \hline \end{array}$$

5.
$$\begin{array}{r} 9 \\ \times\ 3 \\ \hline \end{array}$$

6.
$$\begin{array}{r} 2 \\ \times\ 7 \\ \hline \end{array}$$

7.
$$\begin{array}{r} 5 \\ \times\ 3 \\ \hline \end{array}$$

8.
$$\begin{array}{r} 5 \\ \times\ 6 \\ \hline \end{array}$$

9.
$$\begin{array}{r} 9 \\ \times\ 2 \\ \hline \end{array}$$

10.
$$\begin{array}{r} 5 \\ \times\ 7 \\ \hline \end{array}$$

11.
$$\begin{array}{r} 6 \\ \times\ 3 \\ \hline \end{array}$$

12.
$$\begin{array}{r} 2 \\ \times\ 6 \\ \hline \end{array}$$

13. ¿Cuántas tarjetas de beisbol hay en 4 paquetes?

_____

14. ¿Cuántas calcomanías obtendrás si compras 9 paquetes?

_____

15. ¿Cuántos cupones obtendrás si compras 7 paquetes?

_____

Artículo	Número en cada paquete
Tarjetas de beisbol	5
Calcomanías	2
Cupones	9

Patrones de las operaciones básicas

1. 5
$\times\ 4$
_____

2. 2
$\times\ 3$
_____

3. 9
$\times\ 7$
_____

4. 5
$\times\ 2$
_____

5. 8
$\times\ 2$
_____

6. 5
$\times\ 3$
_____

7. 9
$\times\ 8$
_____

8. 9
$\times\ 4$
_____

9. $9 \times 6 =$ _____

10. $2 \times 7 =$ _____

11. $5 \times 5 =$ _____

Álgebra Halla el número que falta.

12. _____ $\times 9 = 45$

13. $2 \times$ _____ $= 14$

14. Un paquete de tarjetas de beisbol contiene 5 tarjetas. ¿Cuántas tarjetas de beisbol hay en 5 paquetes?

_____

15. ¿Cuál es el valor del número que falta?
$9 \times \boxed{} = 36$

A 6   **B** 4   **C** 3   **D** 2

16. Escribir para explicar Milton necesita hallar el producto de dos números. Uno de los números es 9. La respuesta también tiene que ser 9. ¿Cómo resolverá el problema? Explica tu respuesta.

_____

_____

_____

Propiedades de la multiplicación

Puedes usar las propiedades de la multiplicación como ayuda
para hallar productos.

Propiedad conmutativa de la multiplicación

Puedes multiplicar cualesquiera dos números en cualquier orden.

$2 \times 3 = 3 \times 2$

Propiedad de identidad de la multiplicación

Cuando multiplicas cualquier número por 1, el producto es ese número.

$7 \times 1 = 7$

Propiedad del cero en la multiplicación

Cuando multiplicas cualquier número por 0, el producto también es 0.

$3 \times 0 = 0$

---

1. $7 \times 3 = 3 \times$ _____

2. $4 \times 0 =$ _____

3. $5 \times 4 = 4 \times$ _____

4. $2 \times 1 =$ _____

5. $0 \times 7 =$ _____

6. $8 \times 3 = 3 \times$ _____

7. $9 \times 1 = 1 \times$ _____

8. $1 \times 5 =$ _____

9. **Sentido numérico** ¿Cómo sabes que $35 \times 5 = 5 \times 35$ sin
hallar los productos?

_____

_____

_____

10. **Escribir para explicar** Explica cómo sabes que en $? \times 6{,}273 = 6{,}273$,
la ? será 1.

_____

Propiedades de la multiplicación

1.
$$\begin{array}{r} 0 \\ \times\ 4 \\ \hline \end{array}$$

2.
$$\begin{array}{r} 1 \\ \times\ 3 \\ \hline \end{array}$$

3.
$$\begin{array}{r} 7 \\ \times\ 1 \\ \hline \end{array}$$

4.
$$\begin{array}{r} 5 \\ \times\ 0 \\ \hline \end{array}$$

5.
$$\begin{array}{r} 1 \\ \times\ 8 \\ \hline \end{array}$$

6.
$$\begin{array}{r} 3 \\ \times\ 0 \\ \hline \end{array}$$

7.
$$\begin{array}{r} 4 \\ \times\ 1 \\ \hline \end{array}$$

8.
$$\begin{array}{r} 6 \\ \times\ 0 \\ \hline \end{array}$$

9. $1 \times 1 =$ _____

10. $9 \times 0 =$ _____

11. $0 \times 0 =$ _____

Álgebra Halla el número que falta. Di qué propiedad puede ayudarte.

12. _____ $\times 3 = 0$

13. $1 \times$ _____ $= 4$

_____

_____

14. Ray tiene 4 cajas con 5 bolígrafos en cada caja. Kevin tiene 5 cajas con 4 bolígrafos en cada una. ¿Quién tiene más bolígrafos?

_____

15. ¿Qué propiedad te ayuda a hallar el número que falta? _____ $\times 6 = 0$

_____

16. Escribir para explicar Milton necesita hallar el producto de dos números. Uno de los números es 6. La respuesta también tiene que ser 6. ¿Cómo resolverías este problema? Explica tu respuesta.

_____

_____

_____

El 3, el 4, el 7 y el 8 como factores

Puedes descomponer números como ayuda para hallar el producto.

Ejemplo ¿Cuántas tarjetas de beisbol tienes si tienes 4 paquetes con 6 tarjetas en cada paquete?

Necesitas hallar 4×6.

4 grupos de 6 es lo mismo que 4 grupos de 3 más 4 grupos de 3.

$4 \times 3 = 12$

$4 \times 3 = 12$

$4 \times 6 = (4 \times 3) + (4 \times 3)$

$\qquad = 12 + 12$

$\qquad = 24$

Tienes 24 tarjetas de beisbol.

Descompón los números para hallar cada producto.

1. $3 \times 5 =$ _____

2. $9 \times 4 =$ _____

3. $6 \times 6 =$ _____

4. $3 \times 7 =$ _____

5. $5 \times 7 =$ _____

6. $8 \times 4 =$ _____

7. $6 \times 7 =$ _____

8. $7 \times 8 =$ _____

Compara. Usa $<$, $>$ ó $=$ en cada $\bigcirc$.

9. $7 \times 4 \bigcirc 7 \times 5$

10. $6 \times 6 \bigcirc 3 \times 7$

11. $8 \times 3 \bigcirc 3 \times 8$

12. $9 \times 5 \bigcirc 12 \times 3$

13. **Sentido numérico** Explica cómo 9×4 te puede ayudar a hallar 9×8.

_____

_____

_____

El 3, el 4, el 7 y el 8 como factores

En los Ejercicios **1** a **8**, completa cada ____.

1. $3 \times 10 = (2 \times 10) + (1 \times$ ____$)$

2. $2 \times$ ____ $= (2 \times 5) + (2 \times 1)$

3. $4 \times 7 = (4 \times$ ____$) + (4 \times 2)$

4. $11 \times 8 = (11 \times 5) + (11 \times$ ____$)$

5. $3 \times 6 = (3 \times 1) + (3 \times$ ____$)$

6. $6 \times 6 = (6 \times$ ____$) + (6 \times 4)$

7. $7 \times$ ____ $= (7 \times 4) + (7 \times 3)$

8. $1 \times 8 = (1 \times$ ____$) + (1 \times 3)$

En los Ejercicios **9** a **20**, descompón los números para hallar cada producto.

9. 5×5 ____

10. 3×6 ____

11. 4×2 ____

12. 7×3 ____

13. 7×2 ____

14. 6×6 ____

15. 7×7 ____

16. 6×7 ____

17. 8×3 ____

18. 10×6 ____

19. 6×12 ____

20. 4×6 ____

En los Ejercicios **21** a **29**, compara usando $<$, $>$ ó $=$ en cada $\bigcirc$.

21. $3 \times 4 \bigcirc 6 \times 1$

22. $5 \times 8 \bigcirc 6 \times 7$

23. $3 \times 6 \bigcirc 9 \times 2$

24. $8 \times 4 \bigcirc 7 \times 4$

25. $7 \times 5 \bigcirc 12 \times 3$

26. $5 \times 6 \bigcirc 3 \times 10$

27. $1 \times 8 \bigcirc 2 \times 3$

28. $4 \times 5 \bigcirc 2 \times 10$

29. $8 \times 6 \bigcirc 7 \times 7$

30. Candice colocó sus conchas marinas en 4 filas con 5 conchas marinas en cada fila. ¿Cuántas conchas marinas tiene? _____

31. Un tablero de ajedrez tiene 8 filas y 8 columnas. Cada fila tiene 4 cuadrados blancos y 4 cuadrados negros. ¿Cuál de las siguientes expresiones te da el número de cuadrados negros que hay en un tablero de ajedrez?

A 8×8 **B** 8×4 **C** 4×4 **D** $8 + 8$

32. **Escribir para explicar** Usando el método de descomponer números, ¿cuál es la mejor manera de multiplicar 8 por 7?

_____

Resolución de problemas: Buscar un patrón

¿Qué patrón ves?

1 A 2 B 3 C 4 D 5 E 6 F

Los números se alternan con letras del alfabeto, en orden.
El patrón continuaría así:

7 G 8 H 9 I

¿Qué patrón ves?

A	B	C
1	1	1
2	2	4
3	3	9
4	4	16
5		25

El número de la columna A se multiplica por el número de la columna B.
La columna C es el producto.

El último número de la columna B es 5.

Busca un patrón. Dibuja las dos figuras que siguen.

1.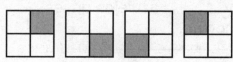

Busca un patrón. Escribe los tres números que faltan.

2. 2, 4, 6, 8, _____ , _____ , _____

3. 2, 7, 12, 17, _____ , _____ , _____

4. 60, 52, 44, 36, _____ , _____ , _____

5. 88, 77, 66, 55, _____ , _____ , _____

Nombre _____

Resolución de problemas: Buscar un patrón

Busca un patrón. Dibuja las dos figuras que siguen.

1.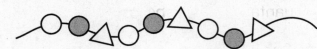

2.

Busca un patrón. Escribe los números que faltan.

3. 5, 8, 11, 14, 17, _____ , _____

4. 4, 6, 10, 16, 24, _____ , _____

Busca un patrón. Completa cada oración numérica.

5. 80 + 8 = 88

800 + 88 = 888

8,000 + 888 = _____

80,000 + 8,888 = _____

6. 10 + 1 = 11

100 + 1 = 101

1,000 + 1 = _____

10,000 + 1 = _____

Busca un patrón. Escribe los números que faltan.

7. Sally fue a comprar azulejos para el piso de su cocina. Midió el piso para hallar cuántos azulejos necesitaba para cubrir el piso. Sally decidió hacer un patrón. Escogió 10 azulejos rojos, 20 azulejos beige, 30 azulejos blanco, _____ azulejos negros y _____ azulejos grises para completar un patrón para el piso de la cocina.

8. Razonar Completa las cantidades que faltan para actualizar los ahorros de Carl en la libreta de ahorros.

Cuenta de ahorros de Carl		
Fecha	**Depósito**	**Saldo**
4/7	$25	$945
4/14		$995
4/21	$25	
4/30	$50	
5/7		$1,095

Significados de la división

Cuando divides, separas objetos en grupos iguales.

Doris está preparando 8 almuerzos, todos con la misma cantidad de fresas. Tiene un total de 32 fresas. ¿Cuántas fresas deben ir en cada almuerzo?

Lo que piensas: Doris tendrá que colocar un número igual de fresas en cada almuerzo. Debe poner 32 fresas en 8 grupos iguales. ¿Cuántas fresas habrá en cada grupo?

Lo que muestras: 8 grupos iguales

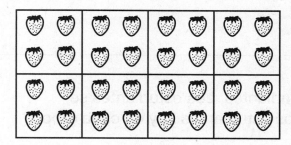

Cuando se dividen 32 fresas en 8 grupos, quedan 4 fresas en cada grupo.

Lo que escribes: $32 \div 8 = 4$

32 es el dividendo, el número que es dividido.

8 es el divisor, el número por el que se divide el dividendo.

4 es el cociente o la respuesta al problema de división.

Cada almuerzo debe tener 4 fresas.

Haz un dibujo para resolver cada problema.

1. Pones 15 canicas en 3 grupos.
   ¿Cuántas canicas hay en cada grupo?

   _____

2. Necesitas poner 20 cubos de hielo en 5 vasos. ¿Cuántos cubos deben ir en cada vaso?

   _____

Significados de la división

Haz dibujos para resolver los problemas.

1. Hay 12 bolsitas de regalos. En cada bolsita cabe 1 juguete y algunas calcomanías. Hay 36 calcomanías. Si se pone un número igual de calcomanías en cada bolsita, ¿cuántas calcomanías habrá en cada bolsita?

_____

2. En un cartón de huevos caben 12 huevos. ¿Cuántos cartones podrías llenar con 60 huevos?

_____

3. En la clase del señor Tentler hay 21 estudiantes. Los estudiantes se dividieron en 3 grupos iguales. ¿Cuántos estudiantes hay en cada grupo?

_____

4. Calvin leyó en su libro de Estudios Sociales un capítulo de 18 páginas en 2 horas. Si leyó el mismo número de páginas cada hora, ¿cuántas páginas leyó por hora?

   A 3 páginas   **B** 6 páginas   **C** 9 páginas   **D** 12 páginas

5. **Escribir para explicar** La clase está planificando una fiesta. La pizzería corta cada pizza en 8 porciones. Hay 32 estudiantes. ¿Cuántas pizzas debe pedir la clase para que cada estudiante obtenga una porción? Explícalo.

_____

_____

_____

Relacionar la multiplicación y la división

La multiplicación y la división están relacionadas, de la misma forma en que la suma y la resta están relacionadas.

Ésta es la familia de operaciones de 5, 6 y 30:

$5 \times 6 = 30$ $30 \div 6 = 5$

$6 \times 5 = 30$ $30 \div 5 = 6$

Completa cada familia de operaciones.

1. $2 \times$ _____ $= 10$

    _____ $\times$ _____ $= 10$

    $10 \div 5 =$ _____

    $10 \div$ _____ $=$ _____

2. $9 \times$ _____ $= 27$

    _____ $\times$ _____ $= 27$

    $27 \div 3 =$ _____

    $27 \div$ _____ $=$ _____

3. $8 \times$ _____ $= 72$

    _____ $\times$ _____ $= 72$

    $72 \div 8 =$ _____

    $72 \div$ _____ $=$ _____

4. $6 \times$ _____ $= 48$

    _____ $\times$ _____ $= 48$

    $48 \div 8 =$ _____

    $48 \div$ _____ $=$ _____

Escribe una familia de operaciones para cada conjunto de números.

5. 7, 4, 28

_____

6. 5, 8, 40

_____

7. Sentido numérico ¿Qué multiplicaciones son parte de la familia de operaciones de $12 \div 3 = 4$?

_____

Relacionar la multiplicación y la división

Completa cada familia de operaciones.

1. $7 \times$ _____ $= 42$

_____ $\times$ _____ $= 42$

$42 \div 6 =$ _____

$42 \div$ _____ $=$ _____

2. $9 \times$ _____ $= 36$

_____ $\times$ _____ $= 36$

$36 \div 4 =$ _____

$36 \div$ _____ $=$ _____

Escribe una familia de operaciones para cada conjunto de números.

3. 6, 3, 18

_____

4. 5, 5, 25

_____

5. Razonar ¿Por qué la familia de operaciones de 81 y 9 sólo tienen dos oraciones numéricas?

_____

_____

_____

6. ¿Qué oración numérica completa la familia de operaciones?

$9 \times 6 = 54$ $54 \div 9 = 6$ $54 \div 6 = 9$

A $9 \times 9 = 81$ **B** $6 \times 9 = 54$ **C** $6 \times 6 = 36$ **D** $8 \times 6 = 48$

7. Escribir para explicar Halla dos maneras de dividir 16 exactamente. Explica tu respuesta.

_____

_____

Cocientes especiales

Hay reglas especiales para dividir números por 1 y por 0.

Regla: Un número dividido por 1 es ese número.

Ejemplos: $4 \div 1 = 4$ $55 \div 1 = 55$

Regla: Un número dividido por sí mismo (excepto 0) es 1.

Ejemplos: $17 \div 17 = 1$ $135 \div 135 = 1$

Regla: Cero dividido por un número (excepto 0) es 0.

Ejemplos: $0 \div 4 = 0$ $0 \div 15 = 0$

Regla: No puedes dividir un número por cero.

Ejemplos: $7 \div 0$ no se puede hacer $12 \div 0$ no se puede hacer

---

1. $0 \div 2 =$ _____   **2.** $4 \div 4 =$ _____

3. $0 \div 7 =$ _____   **4.** $9 \div 9 =$ _____

5. $0 \div 3 =$ _____   **6.** $10 \div 10 =$ _____

7. $0 \div 11 =$ _____   **8.** $11 \div 1 =$ _____

Compara. Usa $<$, $>$ ó $=$ en cada $\bigcirc$.

9. $6 \div 6 \bigcirc 3 \div 3$ **10.** $7 \div 1 \bigcirc 8 \div 8$

11. $0 \div 5 \bigcirc 3 \div 1$ **12.** $0 \div 4 \bigcirc 0 \div 9$

13. $5 \div 5 \bigcirc 0 \div 5$ **14.** $7 \div 7 \bigcirc 9 \div 9$

15. $8 \div 1 \bigcirc 0 \div 8$ **16.** $9 \div 9 \bigcirc 9 \div 1$

17. $0 \div 12 \bigcirc 12 \div 1$ **18.** $0 \div 11 \bigcirc 0 \div 15$

19. **Sentido numérico** Si $a \div 4 = 0$, ¿qué sabes
sobre a?   _____

Cocientes especiales

1. $0 \div 10 = $ _____

2. $7 \div 1 = $ _____

3. $8 \div 8 = $ _____

4. $9 \div 9 = $ _____

5. $0 \div 5 = $ _____

6. $5 \div 1 = $ _____

7. $1\overline{)4}$ _____

8. $8\overline{)0}$ _____

9. $3\overline{)3}$ _____

10. $1\overline{)6}$ _____

11. Sentido numérico Si $x \div 9 = 1$, ¿cómo sabes qué es x? Explica tu respuesta.

_____

_____

12. Kenneth tiene que hacer 22 problemas de matemáticas para su tarea. Ya hizo 12 problemas. ¿Cuántos problemas más le sobran? Si completa 1 problema cada minuto, ¿cuántos minutos más tiene que trabajar?

_____

13. Hay 8 personas a las que les gustaría compartir una caja de barras de granola que contiene 8 barras. ¿Cuántas barras de granola recibirá cada persona si las comparten por igual?

_____

14. ¿Cuál es el cociente de $20 \div 20$?

A 20   **B** 2   **C** 1   **D** 0

15. Escribir para explicar Escribe la regla que se aplica a la siguiente oración numérica: $0 \div 7 = 0$.

_____

_____

_____

Usar operaciones de multiplicación para hallar operaciones de división

Piso de azulejos Darren está colocando un piso de azulejos en el pasillo. El patrón para el suelo se muestra a la derecha.

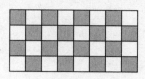

Primero, usa el piso de azulejos de Darren para escribir un cuento sobre multiplicación para $4 \times 8 = 32$.

El piso de azulejos de Darren tiene 4 filas con 8 piezas de azulejo en cada fila. ¿Cuántas piezas de azulejo hay en total?

Segundo, usa el piso de azulejos de Darren para escribir un cuento sobre división para $32 \div 4 = 8$.

Darren tiene 323 triángulos pequeños. Necesita 4 para cada cuadrado sombreado. ¿Cuántos cuadrados sombreados puede hacer con los triángulos pequeños?

Usa los datos de la tabla para escribir un cuento sobre multiplicación o división para cada operación numérica. Resuelve.

Material para construcción	Cantidad por caja
Pasadores	6
Cerrojos	12

1. 6×4

_____

_____

_____

2. $12 \div 4$

_____

_____

_____

Usar operaciones de multiplicación para hallar operaciones de división

Resuelve.

1. $12 \div 3 =$ _____

2. $20 \div 5 =$ _____

3. $50 \div 10 =$ _____

4. $27 \div 9 =$ _____

5. $6 \div 2 =$ _____

6. $16 \div 8 =$ _____

7. $63 \div 9 =$ _____

8. $36 \div 4 =$ _____

9. $48 \div 6 =$ _____

10. $32 \div 8 =$ _____

11. $25 \div 5 =$ _____

12. $18 \div 2 =$ _____

Usa los datos de la tabla para escribir un cuento sobre multiplicación para la operación numérica. Resuelve.

Botiquín de primeros auxilios	
Material	**Cantidad en el botiquín**
Vendajes	4
Almohadillas limpiadoras	6
Bolitas de algodón	12

13. $2 \times 6 =$

_____

_____

_____

14. ¿Cuál es el cociente de $28 \div 7$?

A 14   **B** 9   **C** 6   **D** 4

15. Escribir para explicar Escribe un cuento sobre división para 12 y 13.

_____

_____

Resolución de problemas:
Hacer un dibujo y escribir una ecuación

Haz un dibujo y escribe una ecuación.

Paso 1:
Lee y comprende

Janie está en la cuarta fila de la banda de música. Hay 7 filas de músicos con 8 en cada fila. ¿Cuántos músicos están adelante de Janie? ¿Cuántos músicos están detrás de Janie?

Necesitas hallar cuántos hay adelante de Janie y detrás de Janie.

Paso 2:
Planea y resuelve

Puedes hacer un dibujo de los músicos: Escribe una A para cada músico que está adelante de Janie, una D para cada músico detrás de Janie, y una J para cada músico de la fila de Janie.

Resuelve

A A A A A A A A ⎤
A A A A A A A A ⎬ 24
A A A A A A A A ⎦
J J J J J J J J } 8
D D D D D D D D ⎤
D D D D D D D D ⎬ 24
D D D D D D D D ⎦

Paso 3:
Vuelve atrás y comprueba

¿Cuántos músicos hay adelante de Janie? Puedes multiplicar.
$3 \times 8 = 24$

Hay 24 músicos adelante de Janie.

¿Cuántos músicos hay detrás de Janie? Puedes multiplicar.
$3 \times 8 = 24$

Hay 24 músicos detrás de Janie.

---

1. James tiene 12 conchas marinas ordenadas en una fila. Las 6 conchas marinas que están en el medio de la fila son conchas nautilius. ¿Hay el mismo número de conchas marinas a ambos lados de las conchas nautilius? Haz un dibujo como ayuda para resolver el problema.

_____

_____

Resolución de problemas:
Hacer un dibujo y escribir una ecuación

En los Ejercicios **1** a **4**, escribe una ecuación y resuélvela. Usa el dibujo como ayuda.

1. John está corriendo en una carrera. La carrera tiene 25 millas de largo. Después de dos horas, John ha corrido 7 millas. ¿Cuántas millas le faltan a John por correr?

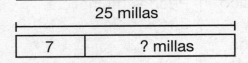

25 millas	
7	? millas

2. Un campamento de verano dividió a sus excursionistas en 8 grupos de 9 excursionistas. ¿Cuántos excursionistas hay en el campamento de verano?

? excursionistas							
9	9	9	9	9	9	9	9

3. Karen mide 5 pies de estatura. En el patio trasero de Karen hay un roble cuya altura es 4 veces más que la de Karen. ¿Qué altura tiene el roble?

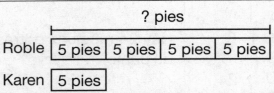

? pies

Roble	5 pies	5 pies	5 pies	5 pies

Karen	5 pies

4. El cuarto de Micah tiene cuatro lados y un perímetro de 48 pies. Si 3 de los lados miden 12 pies de longitud, ¿qué longitud tiene el cuarto lado?

48 pies

12 pies	12 pies	12 pies	?

5. El lunes, Chris tenía $250 en su cuenta de ahorros. El viernes, gastó $16 en el cine. El sábado, depósito un cheque de $120. ¿Qué oración numérica de abajo muestra cuánto dinero tiene Chris?

A 250 + 16 + 120

B 250 + 16 − 120

C 250 − 16 − 120

D 250 − 16 + 120

6. Melissa está haciendo marcapáginas con un pedazo de cinta que mide 12 pulgadas de longitud. Cada marcapáginas mide 4 pulgadas de largo. Melissa hizo un dibujo para saber cuántos marcapáginas podría hacer con la cinta. ¿Qué hizo incorrectamente?

12 pulgadas en total

4 pulgadas	4 pulgadas	4 pulgadas	4 pulgadas

Patrones que se repiten

Los patrones pueden crecer o los patrones se pueden repetir.
Los patrones que se repiten pueden usar números o figuras.
Puedes ampliar un patrón si hallas una regla para el patrón.

Patrones que se repiten con figuras

Usa este patrón.
¿Cuál es la figura que sigue?

Asigna a cada figura un número.
Cuando una figura se repite usa el
mismo número.

1   2   3   1   2   3   1

La figura que sigue es la segunda figura.

Patrones que se repiten con números

Usa el patrón de abajo. ¿Cuál es el
12.° número en este patrón?

4, 7, 3, 5, 4, 7, 3, 5, 4, 7, ….

Halla el patrón.
El patrón es 4, 7, 3, 5,
y luego se repite.

Amplía el patrón hasta llegar al 12.°
número.

4, 7, 3, 5, 4, 7, 3, 5, 4, 7, 3, 5

El 12.° número es 5.

---

1. Dibuja las tres figuras que siguen
en el patrón.

_____

2. ¿Cuáles son los tres números que
siguen en el patrón de abajo?
5, 8, 3, 1, 5, 8, 3, 1, 5, 8

_____

3. **Explícalo** En el patrón del Ejercicio 2, ¿cómo hallarías el 15.° número?
¿Qué número es?

_____

_____

Patrones que se repiten

Dibuja las tres figuras que siguen para continuar el patrón.

1.

2.

Escribe los tres números que siguen para continuar el patrón.

3. 4, 6, 2, 8, 4, 6, 2, 8, 4, 6, ...

628

4. 3, 3, 5, 3, 3, 5, 3, 3, 5, ...

3 3 5

5. Hacer un dibujo ¿Cuál es la 12.ª figura en el patrón de abajo?

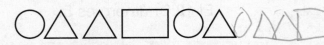

6. Práctica de la estrategia Penny hizo un patrón de figuras en las paredes de su cuarto. Dibujó un rectángulo, 2 círculos, un rectángulo y luego 2 círculos más hasta dibujar 24 círculos. ¿Cuántas figuras dibujó en total?

_____

7. La Sra. Washington ordenó a los estudiantes en fila. El orden era 1 niño, 2 niñas, 2 niños y así sucesivamente. ¿Era niño o niña el 10.º estudiante?

 B G G B B B G G B B   Niño

8. ¿Cuál es el 15.º número en el patrón de abajo?
3, 6, 5, 2, 3, 6, 5, 2, ... 3 6 5 2 3 6 5

A 2   **B** 3   **C** 5   **D** 6

Progresiones numéricas

Una progresión numérica es un patrón que aumenta o disminuye a medida que sigue la regla.

¿Cuáles son los tres números que siguen en este patrón?

36, 42, 48, 54, …

Paso 1	**Paso 2**
Halla el patrón.	Usa esta regla para ampliar el patrón.
Puedes restar para hallar el patrón.	Comienza con 54. Suma 6.
$54 - 48 = 6$	$54 + 6 = 60$
$48 - 42 = 6$	$60 + 6 = 66$
$42 - 36 = 6$	$66 + 6 = 72$
Cada número es 6 más que el número que está antes. Por tanto, una regla para el patrón es "sumar 6".	Por tanto, los tres números que siguen son 60, 66 y 72.

Halla los tres números que siguen en cada patrón.
Escribe una regla para el patrón.

1. 35, 40, 45, ■, ■, ■

   _____

2. 43, 39, 35, ■, ■, ■

   _____

3. 32, 39, 46, ■, ■, ■

   _____

4. 13, 21, 29, ■, ■, ■

   _____

5. 75, 65, 55, ■, ■, ■

   _____

6. 51, 45, 39, ■, ■, ■

   _____

7. **Pensamiento crítico** ¿Cómo puedes usar la resta para completar un patrón de suma? Usa el Ejercicio 3 como ejemplo.

   _____

   _____

   _____

R 2·2

Progresiones numéricas

Halla los números que faltan en cada patrón. Escribe una regla para el patrón.

1. 19, 23, 27, ■, ■

_____

2. 32, 26, 20, ■, ■

_____

3. 125, 150, 175, ■, ■

_____

4. 8, 15, ■, ■, 36

_____

5. 90, 80 ■, ■, 50

_____

6. 84, 69, 54, ■, ■

_____

7. 30, 50, ■, 90, ■

_____

8. 65, 56, ■, 38, ■

_____

9. 35, ■, 57, 68, ■

_____

10. Razonamiento Los números de las casas en la avenida Carr Memorial siguen un patrón. Las primeras cuatro casas del lado izquierdo de la calle están numeradas 8, 14, 20 y 26. ¿Cuántas casas más hay en el lado izquierdo de la calle con números menores que 50?

_____

11. Noreen está comenzando un programa de ejercicios. La primera semana hace ejercicios durante 25 minutos cada día. La segunda semana hace ejercicios 30 minutos al día y la tercera semana lo aumenta a 35 minutos al día. Si el patrón continúa, ¿cuánto ejercicio hará cada día en la quinta semana?

_____

12. Explícalo ¿Qué necesitas hacer para ampliar un patrón numérico?

_____

_____

_____

13. John dijo que 52 es parte del patrón de abajo.
Mary dijo que 66 es parte del patrón de abajo.
¿Quién tiene la razón?
18, 26, 34, 42, ...

A Ninguno tiene la razón.

B Ambos tienen la razón.

C Sólo John tiene la razón.

D Sólo Mary tiene la razón.

Ampliar tablas

Una tabla es una manera organizada de mostrar un patrón.

Semanas	Días
1	7
3	21
5	35
6	42
8	?

Cada par de valores sigue la misma regla.
Si puedes hallar una regla que funciona para todos los pares, puedes ampliar la tabla.

¿Cuál es el número que falta en esta tabla?

Paso 1

Halla una regla para el patrón.

Se muestran las primeras 4 semanas. Puedes dividir para hallar el patrón.

$42 \div 6 = 7$
$35 \div 5 = 7$
$21 \div 3 = 7$
$7 \div 1 = 7$

Hay 7 días en una semana.

Paso 2

Usa tu regla para hallar el número que falta.

Multiplica los días en 1 semana por el número de semanas.

$8 \times 7 = 56$

El número que falta es 56.

Completa cada tabla.

1.

Carros	Ruedas
1	4
2	8
3	
4	16
8	32

2.

Precio viejo	Precio nuevo
$63	$53
$48	$38
	$31
$37	$27
$26	$16

3.

Peso de la ensalada en onzas	6	10	14	18
Peso total del recipiente en onzas	9	13	17	

Ampliar tablas

Halla los números que faltan.

1.

Número de gatos	Número de patas
1	4
2	
3	12
4	16
	32

2.

Dinero ganado	Dinero ahorrado
$25	$15
$32	$22
$43	
	$47
$73	$63

3.

Anotaciones	Puntos
1	6
2	12
3	
	36
8	48

En los Ejercicios **4** y **5**, usa la tabla de la derecha.

Camisetas	Costo
1	$8
3	$24
5	$40

4. ¿Cuánto dinero costarían 9 camisetas?

_____

5. Práctica de la estrategia ¿Cuánto dinero más cuestan 10 camisetas que 6 camisetas? Explica cómo hallaste tu respuesta.

_____

_____

_____

6. Sentido numérico Bob tiene 3 estantes en los que caben un total de 27 libros. Agrega un cuarto estante y ahora tiene 36 libros. Si agrega 2 estantes más, ¿cuántos libros podrá tener en total?

_____

7. ¿Cuál es el número que falta en la tabla de abajo?

Entrada	3	5	8	15
Salida	9	11	14	

A 21 **B** 25 **C** 30 **D** 45

Escribir reglas para situaciones diversas

Cuando trabajes con tablas, es importante hallar una regla que sirve para todos los pares de números. La regla dice cómo hallar uno de los números de un par.

Precio viejo	Precio nuevo
$15	$10
$22	$17
$28	$23
$37	$32
$51	$46

Cada par de números de la tabla a la izquierda sigue una regla. Si puedes hallar una regla que sirva, entonces amplía la tabla.

Paso 1

Halla el patrón. Comprueba el primer par de números para ver cómo cambió el primer número para convertirse en el segundo número.

$15 - 10 = 5$

Una regla para el primer par de números es "restar 5".

Paso 2

Averigua si esta regla sirve para todos los valores.

$22 - 17 = 5$ $37 - 32 = 5$

$28 - 23 = 5$ $51 - 46 = 5$

La regla "restar 5" sirve para cada par de valores.

Halla los números que faltan en cada tabla. Escribe una regla para la tabla.

1.

Ganancia	Gasto
$21	$14
$30	$23
$42	
$48	$41
$59	

2.

Equipos	Jugadores
3	27
8	72
6	
9	
2	18

3.

Boletos	Costo
2	$1
6	$3
12	
10	$5
20	

4. Sentido numérico Joe dijo que usando la información del Ejercicio 2 habría 250 jugadores para 25 equipos. ¿Tiene razón? Explícalo.

_____

_____

Nombre _____

Escribir reglas para situaciones diversas

Halla los números que faltan en cada tabla.
Escribe una regla para la tabla.

1.

Edad de Max	Edad de Carol
7	13
10	
14	20
18	24
	31

_____

2.

Triciclos	Ruedas
5	15
3	9
7	
	27
2	6

_____

3.

Precio viejo	Precio nuevo
$25	$18
$16	$9
	$32
$53	$46
$72	

_____

En los Ejercicios **4** y **5**, usa la tabla de la derecha.

4. La tabla muestra el número de jugadores en un equipo de voleibol. ¿Cuál es la regla de la tabla?

_____

Jugadores	Equipos
24	4
48	8
36	6
30	5

5. Explícalo Si hay 12 equipos, ¿cuántos jugadores habrá? Explica cómo obtuviste la respuesta.

_____

6. ¿Cuántas millas puede Nick recorrer en 5 horas? ¿En 6 horas?

Horas	1	2	3	4
Millas	60	120	180	240

_____

7. La tabla muestra cuántos CD tienen Jim y Kim después de inscribirse en un club de CD. ¿Cuál es una regla que sirve con esta tabla?

Jim	8	12	20	30
Ken	16	20	28	38

A Sumar 8   **C** Restar 10

B Multiplicar por 2 **D** Dividir por 2

Patrones geométricos

Como los patrones numéricos, los patrones geométricos tienen figuras que aumentan. Para ampliar patrones geométricos sigue los mismos pasos que seguirías para patrones numéricos.

Abajo hay un patrón de cuadrados.

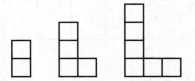

Número de figuras	1	2	3	4	5
Número de cuadrados	2	4	6		

Paso 1

Mira el patrón.
Mira cómo la figura ha cambiado.

Cada figura aumenta por 1 cuadrado en altura y 1 cuadrado en ancho.

Cada figura aumenta por 2 cuadrados.

Paso 2

Haz las dos figuras que siguen.

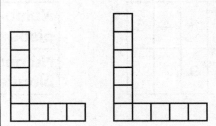

Paso 3

Completa la tabla.

Número de figuras	1	2	3	4	5
Número de cuadrados	2	4	6	8	10

Dibuja las dos torres que siguen en el patrón.
Usa papel cuadriculado.
Halla los números que faltan en cada tabla.

1.

Número de pisos	1	2	3	4	5
Número de bloques	4	8	12		

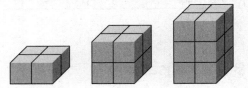

2.

Longitud de los lados	1	2	3	4	5
Suma de los lados	5	10	15		

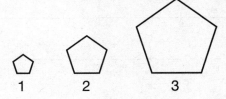

1   2   3

3. Sentido numérico Si hubiera 10 pisos en el Ejercicio 1, ¿cuántos bloques habría?

_____

Patrones geométricos

Dibuja las dos figuras del patrón.
Halla los números que faltan en cada tabla.

1.

Número de pisos	1	2	3	4	5
Número de bloques	5	10	15		

2.

Número de pisos	1	2	3	4	5
Número de cuadrados	2	4	6		

3.

Longitud de cada lado	1	2	3	4	5
Suma de todos los lados	3	6	9		

1   2   3

4.

Número de pisos	1	2	3	4	5
Número de bloques	6	12	18		

5. Explícalo Usa el Ejercicio 4.
¿Cómo hallarías cuántos bloques
habría en 20 pisos? ¿Cuántos
bloques habría?

_____

_____

_____

_____

6. ¿Cuál es una regla para la tabla
de abajo?

Entrada	3	9	4	7
Salida	7	13	8	11

A Sumar 4

B Multiplicar por 2

C Multiplicar por 4

D Sumar 5

Resolución de problemas: Representarlo y razonar

Izzie tiene 12 monedas. Cuatro son de 25¢. Tiene 2 monedas de 10¢ más que monedas de 5¢. ¿Cuántas monedas de cada una tiene?

Puedes razonar lógicamente para hallar la respuesta. Quizás puedas encontrar la información que no te han dicho.

¿Qué sé?	¿Qué necesito hallar?	¿Qué puedo concluir de esa información?
Izzie tiene 12 monedas. 4 de las monedas son de 25¢. Izzie tiene 2 monedas de 10¢ más que monedas de 5¢	¿Cuántas monedas de 10¢ tiene Izzie? ¿Cuántas monedas de 5¢ tiene Izzie?	Si 4 de las 12 monedas son de 25¢, Izzie tiene un total de 8 monedas de 10¢ y de 5¢.

Puedes representarlo para hallar cuántas monedas de 10¢ y de 5¢ tiene Izzie.

Toma 8 fichas de dos colores. Halla combinaciones de manera que un color tenga 2 más que el otro color. Si pruebas con 4 y 4, la diferencia es 0, por tanto, prueba 5 y 3. Ésta sí funciona.

Por tanto, Izzie tiene 4 monedas de 25¢, 5 monedas de 10¢ y 3 monedas de 5¢.

Resuelve. Halla el número de cada tipo de objeto en la colección.

1. Colección de videos musicales de Kim

13 videos en total
4 videos de conciertos
3 videos más de rap que de pop

Videos de conciertos = ☐

Videos de rap = ☐

Videos de pop = ☐

2. La colección de arte de Molly

5 pinturas
3 esculturas más que mosaicos
16 obras en total

Pinturas = ☐

Esculturas = ☐

Mosaicos = ☐

Nombre _____

Resolución de problemas: Representarlo y razonar

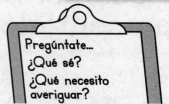

Pregúntate...
¿Qué sé?
¿Qué necesito averiguar?

Resuelve. Halla el número de cada clase de objeto en la colección.

1. **Colección de tarjetas de Sue**

   8 paquetes de tarjetas de beisbol
   3 paquetes menos de tarjetas de hockey que de tarjetas de futbol
   17 paquetes en total

   Tarjetas de beisbol = ☐

   Tarjetas de hockey = ☐

   Tarjetas de futbol = ☐

2. **Colección de DVD de Drew**

   7 DVD de comedias
   4 DVD más de drama que de terror
   15 DVD en total

   DVD de comedia = ☐

   DVD de drama = ☐

   DVD de terror = ☐

3. **Práctica de la estrategia** Mike tiene 8 años más que Kyle. Kyle tiene 6 años. La suma de las edades de Mike, Kyle y Jamal es 23. ¿Cuántos años tiene Jamal?

   _____

4. Miranda tiene 24 CD en su colección. De esos CD, 10 son CD de música pop. Ella tiene 6 CD más de música country que de jazz. ¿Cuántos CD de música country tiene Miranda?

   _____

5. Curt tiene 12 juguetes en total. Tres de los juguetes son aviones. Curt tiene 5 carros de juguete más que botes de juguete. ¿Cuántos carros de juguete tiene Curt?

   _____

6. Stevie, Lindsey y Christine son los cantantes principales en una banda de música. Cantarán 18 canciones. Lindsey cantará 8 canciones. Christine cantará 6 canciones menos que Stevie. ¿Cuántas canciones cantará Stevie?

   A 2   **B** 4   **C** 6   **D** 8

Representar números

Usa una tabla de valor de posición como ayuda para escribir
un número en forma estándar.

Escribe cuatrocientos veinte mil trescientos
cincuenta y nueve en forma estándar.

Paso 1: Escribe 420 en el período de los millares.

Paso 2: Escribe 359 en el período de las unidades.

La forma estándar es 420,359.

Cada dígito en 420,359 tiene un *valor de posición*
y un *valor* diferente. El *valor de posición* del dígito
3 es el lugar de las centenas. Este dígito tiene un *valor* de 300.

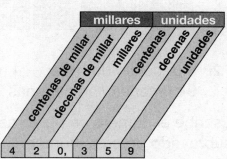

Escribe cada número en forma estándar.

1. _____

2. 7 decenas de millar + 5 millares + 8 centenas +   _____
1 decena + 0 unidades

Escribe el número en palabras y di el valor del dígito subrayado de cada número.

3. 4,6̲32 _____

_____

4. 7̲,129 _____

_____

5. 13,57̲2 _____

_____

6. Sentido numérico Escribe un número de seis dígitos con
un 5 en el lugar de las decenas de millar y un 2 en el lugar
de las unidades.

_____

Representar números

Escribe cada número en forma estándar.

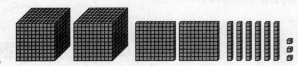

1. _____

2. 8 decenas de millar + 4 millares +
   9 centenas + 4 decenas + 7 unidades _____

Escribe el número en palabras y di el valor del dígito
subrayado de cada número.

3. 7<u>6</u>,239 _____

_____

4. 823,<u>7</u>74 _____

_____

5. **Sentido numérico** Escribe un número que tiene 652 en el
   período de las unidades y 739 en el período de los millares. _____

Durante el fin de semana en los cines Movie Palace, se vendieron
24,875 boletos. Suma el número siguiente al número de boletos
vendidos.

6. 100 boletos _____   7. 1,000 boletos _____

8. ¿Cuál de los siguientes números tiene un 5 en el lugar de
   las decenas de millar?

   A 652,341   B 562,341   C 462,541   D 265,401

9. **Escribir para explicar** Explica cómo sabes que el 6 en el número 364,021
   NO está en el lugar de los millares.

_____

_____

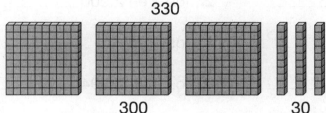

Relaciones en cuanto al valor de posición

En el número 330, ¿cuál es la relación entre el valor del dígito 3 en cada lugar?

330

300

30

El primer 3 está en el lugar de las centenas. Su valor es 300.

El segundo 3 está en el lugar de las decenas. Su valor es 30.

Como 300 es diez veces más que 30, el valor del primer 3 es 10 veces más que el valor del segundo 3. Cuando un número tiene dos dígitos iguales uno al lado del otro, el dígito de la izquierda siempre será 10 veces mayor que el de la derecha.

Nombra los valores de los dígitos dados en los números de abajo.

1. los 4 en 440 _____

2. los 8 en 8,800 _____

Escribe la relación entre los valores de los dígitos dados.

3. los 6 en 660

_____

4. los 8 en 8,800

_____

5. Razonar En el número 550, ¿es el valor del 5 en el lugar de las decenas diez veces mayor que el valor del 5 en el lugar de las centenas? Explica por qué.

_____

6. Razonar ¿Es la relación entre los 6 en 664 y 668 diferente de alguna manera? Explica por qué.

_____

Relaciones en cuanto al valor de posición

Nombra los valores de los dígitos dados en los números de abajo.

1. los 4 en 244 _____

2. los 2 en 2,200 _____

3. los 5 en 6,755 _____

4. los 7 en 770 _____

5. los 6 en 6,600 _____

6. los 9 en 3,994 _____

7. los 8 en 6,588 _____

8. los 3 en 3,312 _____

9. los 1 en 5,114 _____

10. los 2 en 2,226 _____

11. los 7 en 4,777 _____

12. los 9 en 39,990 _____

13. ¿Cuál es la relación entre los 6 en el número 6,647?

_____

_____

_____

_____

14. ¿Cuál es la relación entre los 3 en el número 9,338?

_____

_____

_____

_____

15. Escribir para explicar Explica con tus propias palabras la relación de valor de posición cuando los mismos dos dígitos están juntos en un número de varios dígitos.

_____

_____

_____

16. ¿Qué par de números indica el valor de los 5 en el número 1,557?

A 50 y 5   **B** 500 y 50   **C** 5,000 y 50   **D** 5,000 y 500

Comparar números

< es menor que   **> es mayor que**   **= es igual a**

Compara 1,375 y 1,353.

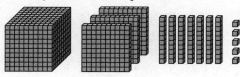

1,375   1,353

Ambos tienen el mismo número de millares y centenas.
Compara las decenas. 1,375 tiene más decenas.

1,375 es mayor que 1,353. $\boxed{1{,}375 > 1{,}353}$

Compara los números. Usa <, > ó =.

1. 36 ◯ 27   **2.** 278 ◯ 285   **3.** 692 ◯ 690

4. 1,842 ◯ 1,824   **5.** 4,669 ◯ 4,705   **6.** 7,305 ◯ 7,305

7. 1,100 ◯ 998   **8.** 245,436 ◯ 245,436   **9.** 162,323 ◯ 162,333

10. Sentido numérico Escribe un número de 3 dígitos que sea mayor que 699.

_____

11. Escribe un número de 4 dígitos que sea menos que 2,340.

_____

12. Escribir para explicar Cada dígito en 798 es mayor que cualquier dígito en 4,325. Explica por qué 4,325 es mayor que 798.

_____

_____

Nombre _____

Comparar números

Compara los números. Usa <, > ó =.

1. 237 _____ 273   **2.** 130 _____ 113

3. 725 ◯ 739   **4.** 831 ◯ 813   **5.** 926 ◯ 926

6. 2,734 ◯ 2,347   **7.** 24,827 ◯ 2,583   **8.** 165,327 ◯ 165,372

En los Ejercicios **9** y **10,** usa la tabla.

9. ¿Entre qué par de ciudades es la distancia mayor?

_____

_____

Distancia en millas	
Nueva York, NY a Rapid City, SD	1,701
Rapid City, SD a Miami FL	2,167
Miami, FL a Seattle, WA	3,334
Portland, OR a Little Rock, AR	2,217

10. ¿Qué distancia es mayor, de Rapid City a Miami o de Portland a Little Rock? ¿Qué dígitos usaste para comparar?

_____

_____

Sentido numérico Escribe los dígitos que faltan para hacer que cada oración numérica sea verdadera.

11. 7☐7 < 713   **12.** 5,8☐5 > 5,889   **13.** 43,☐64 = 43,2☐4

14. ¿Qué oración numérica es verdadera?

A 4,375 > 4,722   **C** 5,106 = 5,160

B 6,372 > 6,327   **D** 7,095 < 795

15. ¿Qué número es mayor que 318,264?

A 318,246   **B** 318,255   **C** 316,842   **D** 318,295

Ordenar números

Puedes usar una recta numérica para comparar dos números.
¿Cuál es mayor: 33,430 ó 33,515?

Paso 1 Marca el primer número en la recta numérica:

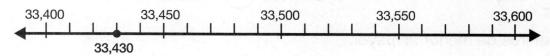

Paso 2 Marca el segundo número en la misma recta numérica:

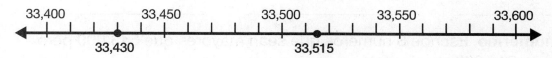

Paso 3 Compara los números. Recuerda que los números aumentan a
medida que te mueves hacia la derecha en la recta numérica.
En la recta numérica, 33,515 está a la derecha de 33,430.
Por tanto, 33,515 > 33,430.

Puedes usar el valor de posición para ordenar los números de mayor a menor.
Escribe los números y alinea las posiciones. Comienza por la izquierda y halla el
dígito mayor. De ser necesario, continúa comparando los otros dígitos.

42,078	Continúa comparando.	Escribe de mayor a menor.
37,544	37,544	42,078
24,532	39,222	39,222
39,222	39,222 > 37,544	37,544
		24,532

Compara. Escribe > ó < en cada ◯.

1. 3,211 ◯ 4,221   **2.** 35,746 ◯ 35,645   **3.** 355,462 ◯ 535,845

4. Ordena los números del mayor al menor. 62,500 62,721 63,001 61,435

_____ ; _____ ; _____ ; _____

5. Sentido numérico Escribe 3 números que sean mayores
que 12,000, pero menores que 13,000.

_____

Nombre _____

Ordenar números

Compara. Escribe > ó < en cada ◯.

1. 854,376 ◯ 845,763   **2.** 6,789 ◯ 9,876

3. 59,635 ◯ 59,536   **4.** 374,125 ◯ 743,225

Ordena los números de menor al mayor.

5. 458,592   493,621   439,582

_____   _____   _____

6. Sentido numérico Escribe 3 números que sean mayores que 543,000 pero menores que 544,000.

_____   _____   _____

7. Ordena los estados en orden del menos poblado al más poblado.

_____

_____

_____

_____

Los cinco estados menos poblados

Estado	Población (2010)
Alaska	721,523
Dakota del Norte	675,905
Dakota del Sur	819,761
Vermont	630,337
Wyoming	568,300

8. ¿Qué número tiene el valor mayor?

A 865,437   **B** 826,911   **C** 853,812   **D** 862,391

9. Escribir para explicar Explica cómo puedes usar una recta numérica para determinar cuál de dos números es mayor.

_____

_____

Redondear números enteros

Redondea 742,883 al millar más cercano.

Puedes usar el valor de posición o una recta numérica como ayuda para redondear números. En la recta numérica de abajo, 742,883 está entre 742,000 y 743,000. El número de la mitad es 742,500.

número
de la mitad

742,000   742,500   742,883 743,000

742,883 está más cerca de 743,000 que de 742,000.

Por tanto, 742,883 se redondea a 743,000.

Cuando el número que quieres redondear es mayor que o igual al número de la mitad, redondea hacia arriba.

Redondea a la centena de millar más cercana. Dibuja una recta numérica en otra hoja de papel como ayuda.

1. 387,422   **2.** 124,607   **3.** 111,022

_____   _____   _____

Redondea a la decena de millar más cercana. Usa el valor de posición como ayuda.

4. 276,431   **5.** 141,173   **6.** 555,000

_____   _____   _____

Redondea al lugar subrayado.

7. 6<u>5</u>4,202   **8.** 297,<u>4</u>99   **9.** 722,4<u>8</u>3

_____   _____   _____

Redondear números enteros

Redondea cada número a la decena más cercana.

1. 16,326   **2.** 412,825   **3.** 512,162   **4.** 84,097

_____   _____   _____   _____

Redondea cada número a la centena más cercana.

5. 1,427   **6.** 68,136   **7.** 271,308   **8.** 593,656

_____   _____   _____   _____

Redondea cada número al millar más cercano.

9. 18,366   **10.** 409,614   **11.** 229,930   **12.** 563,239

_____   _____   _____   _____

Redondea cada número al lugar subrayado.

13. 12,$\underline{1}$08   **14.** $\underline{5}$70,274   **15.** $\underline{3}$33,625   **16.** 5$\underline{3}$4,307

_____   _____   _____   _____

17. ¿Cuánto es 681,542 redondeado a la centena de millar más cercana?

    A 600,000   **B** 680,000   **C** 700,000   **D** 780,000

18. Escribir para explicar La Sra. Kennedy está comprando lápices para cada uno de los 315 estudiantes de Hamilton Elementary. Los lápices se venden en cajas de diez. ¿Cómo puede usar el redondeo para decidir cuántos lápices comprar?

_____

_____

_____

Resolución de problemas:
Hacer una lista organizada

Parque de diversiones Brian tiene cuatro entradas para el parque de diversiones. Podrían ir él y tres amigos. El grupo de amigos entre los que puede escoger incluye a Art, Ned, Jeff y Belinda. ¿Cuántas combinaciones diferentes son posibles?

Lee y comprende

Paso 1: ¿Qué sabes?

Hay cuatro amigos: Art, Ned, Jeff y Belinda.

Paso 2: ¿Qué quieres averiguar?

Hallar cuántas combinaciones diferentes de amigos puede hacer Brian.

Planea y resuelve

Paso 3: ¿Qué estrategia puedes usar?

Estrategia: Hacer una lista organizada.

Brian, Art, Ned, Jeff y Belinda. Brian tiene que estar en cada combinación.

Haz una lista de las opciones:
Brian, Art, Ned, Belinda
Brian, Art, Ned, Jeff
Brian, Art, Jeff, Belinda
Brian, Ned, Jeff, Belinda

Respuesta: Hay cuatro combinaciones

Vuelve atrás y comprueba

¿Es correcto tu trabajo?

Sí, porque en cada combinación está Brian. La forma en que está organizada la lista muestra todas las formas que se encontraron.

Termina de resolver el problema.

1. Ann, Mara, Jenny, Tina y Sue son hermanas. Dos de las cinco hermanas deben ayudar a su papá en su negocio cada sábado. ¿Cuántas combinaciones de dos hermanas son posibles?

_____

_____

Ann	Mara	Jenny	Tina
Ann	Jenny		

Resolución de problemas:
Hacer una lista organizada

Haz una lista organizada para resolver cada problema.
Escribe cada respuesta en una oración completa.

1. Tonya y Lauren están diseñando un uniforme de futbol.
    Quieren usar dos colores en la camisa. Sus opciones son
    verde, anaranjado, rojo, morado, café y plateado.
    ¿De cuántas maneras pueden elegir dos colores?

    _____

    _____

    _____

2. Yancey colecciona alcancías de plástico. Tiene tres alcancías
    diferentes: un cerdo, una vaca y un león. ¿De cuántas maneras puede
    Yancey ordenar sus alcancías en un estante?

    _____

    _____

3. Kevin tiene un conejo, un hurón, un jerbo y una tortuga. Los alimenta
    en diferente orden todos los días. ¿De cuántas maneras diferentes
    puede Kevin alimentar a sus mascotas?

    _____

    _____

    _____

    _____

Usar el cálculo mental para sumar y restar

Hay estrategias diferentes para sumar y restar usando el cálculo mental.

Estrategias de suma		**Estrategias de resta**	
Con la descomposición, puedes sumar números en cualquier orden.		Usar la compensación	
$235 + 158$	Descompón 158. $158 = 5 + 153$	$162 - 48$	Suma 2 para formar 50. $2 + 48 = 50$
$235 + 5 = 240$	Suma una parte para formar una decena.	$162 - 50 = 112$	
$240 + 153 = 393$	Suma la otra parte.	$112 + 2 = 114$	Dado que restaste 2 de más, suma 2 a la respuesta.
Con la compensación, puedes sumar o restar para formar decenas.		Usar contar hacia adelante	
$235 + 158$	Suma 2 para formar una decena. $158 + 2 = 160$	$400 - 185$	Suma 5 para formar 190. $185 + 5 = 190$
$235 + 160 = 395$		$190 + 10 = 200$	Forma el siguiente 100.
$395 - 2 = 393$	Resta 2 de la respuesta, porque el 2 se sumó antes.	$200 + 200 = 400$	Suma 200 para formar 400.
		$5 + 10 + 200 = 215$	Halla el total de lo que sumaste.

Suma o resta. Calcula mentalmente.

1. $67 + 31 =$ _____

2. $86 - 14 =$ _____

3. $29 + 43 =$ _____

4. $206 - 78 =$ _____

5. **Razonamiento** ¿Cómo escribes $72 + (8 + 19)$ para hacer más fácil la suma?

_____

Colección de canicas	
rojas	425
azules	375
verdes	129
amarillas	99

Calcula mentalmente para resolver.

6. ¿Cuántas canicas azules hay más que canicas amarillas? _____

7. ¿Cuál es el número de canicas rojas y verdes? _____

Usar el cálculo mental para sumar y restar

Suma o resta. Calcula mentalmente.

1. 89 + 46

2. 101 − 49

3. 400 + 157

4. 722 + 158

5. 120 − 33

6. 900 − 187

7. 299 + 206

8. 878 + 534

9. 554 − 59

10. Razonar ¿Cómo puedes escribir
52 + (8 + 25) para que sea más fácil de sumar? _____

11. La familia de Selena se fue de viaje. La cuenta total del
hotel fue de $659. El costo de los pasajes aéreos fue
de $633. Calcula mentalmente para hallar el costo total
del hotel y los pasajes.   _____

12. Un año colaboraron 76 personas en la limpieza del pueblo.
Al año siguiente, colaboraron 302 personas. ¿Cuántas
personas más colaboraron el segundo año? Calcula
mentalmente para hallar la respuesta.   _____

13. Stanley quiere coleccionar 900 tarjetas de deportes.
Hasta ahora, ha reunido 428 tarjetas de beisbol y
217 tarjetas de futbol. ¿Cuántas tarjetas más necesita
Stanley para completar su colección?

A 255   **B** 472   **C** 645   **D** 683

14. Escribir para explicar Explica cómo sumarías 678 + 303 usando el
cálculo mental.

_____

_____

Estimar sumas y diferencias de números enteros

El redondeo se puede usar para estimar sumas y diferencias.

Para estimar $1,436 + 422$:

Para estimar $3,635 - 1,498$:

Redondeo

Redondeo

$1,436$ se redondea a $1,400$
422 se redondea a 400
$1,400 + 400 = 1,800$

$3,635$ se redondea a $3,600$
$1,498$ se redondea a $1,500$
$3,600 - 1,500 = 2,100$

Estima cada suma o diferencia.

1.	265 $+ 426$	**2.**	348 $+ 122$	**3.**	562 $- 223$	**4.**	824 $- 590$
5.	$2,189$ $+ 388$	**6.**	$1,329$ $+ 5,345$	**7.**	877 $- 475$	**8.**	$9,245$ $- 4,033$

9. $788 + 212 =$ _____

10. $9,769 - 4,879 =$ _____

11. $65,328 - 14,231 =$ _____

12. $32,910 + 4,085 =$ _____

13. Sentido numérico ¿Es $976 - 522$ mayor o menor que 400? Explica cómo sabes sin restarlo realmente.

_____

14. Los estudiantes de cuarto grado están ayudando a recaudar dinero para el albergue de animales local. Esperaban recaudar $1,000. Hasta ahora, han recaudado $465 con la venta de tortas y $710 con la venta de camisetas. Aproximadamente, ¿cuánto más que $1,000 han recaudado? _____

Estimar sumas y diferencias de números enteros

Estima cada suma o diferencia.

1. 627
    + 95

2. 829
    − 292

3. 987
    − 233

4. 1,568
    + 352

5. 4,263 − 1,613 _____

6. 7,502 + 2,187 _____

7. 24,141 − 2,177

8. 64,099 − 55,555

9. 83,595 + 18,999

_____ _____ _____

10. ¿Aproximadamente cuánto más grande es el océano más grande que el océano más pequeño?

_____

_____

_____

Área de los océanos

Océano	Área (millones de km^2)
Ártico	14,056
Atlántico	76,762
Índico	68,556
Pacífico	155,557

11. ¿Aproximadamente cuántos millones de kilómetros cuadrados cubren todos los océanos juntos?

_____

12. Mallory es piloto. La semana pasada hizo los siguientes vuelos de ida y vuelta en millas: 2,020; 1,358; 952; 2,258; y 1,888. ¿Cuál de las siguientes opciones es una buena estimación de las millas que Mallory voló la semana pasada?

A 6,000 mi **B** 6,800 mi **C** 7,000 mi **D** 8,000 mi

13. Escribir para explicar Explica cómo puedes usar la estimación para restar 189 de 643.

_____

_____

Sumar números enteros

Puedes sumar más de dos números si los alineas de acuerdo a
su valor de posición y sumas una posición a la vez.

Suma 3,456 + 139 + 5,547.

Estima: 3,000 + 100 + 6,000 = 9,100

Paso 1	Paso 2	Paso 3
Alinea los números de acuerdo a su valor de posición.	Suma las decenas.	Suma las centenas y luego los millares.
Suma las unidades.	Reagrupa si es necesario.	Sigue reagrupando.
Reagrupa si es necesario.		

Paso 1:
```
    2
  3,456      22 se convierte
    139      en 2 decenas y
+ 5,547      2 unidades.
  ─────
      2
```

Paso 2:
```
   1 2
  3,456
    139
+ 5,547
  ─────
     42
```
Mantén los dígitos en columnas ordenadas mientras sumas.

Paso 3:
```
  1 1 2
  3,456
    139
+ 5,547
  ─────
  9,142
```
9,142 está cerca de la estimación de 9,100.

Suma.

```
1.    945          2.   2,588         3.   12,566
      124               373                8,222
   +  343           +   866           +   5,532
```

```
4.  2,955          5.  16,699         6.   3,881
    9,017              3,311               1,735
  +   248           + 32,484          +     364
```

7. **Sentido numérico** Jill sumó 450 + 790 + 123 y obtuvo 1,163.
   ¿Es razonable esta suma?

_____

_____

Sumar números enteros

Suma.

1. 486	**2.** 4,334	**3.** 938	**4.** 7,226
875	4,948	1,487	1,587
+ 45	+ 890	+ 8,947	+ 72,984

5.	**6.** 80	**7.** 27,987	**8.** 8,738
54,236	960	2,096	5,234
223	4	15,098	836
+ 7,856	+ 1,986	+ 7,945	+ 237

9. Sentido numérico Luke sumó 429 + 699 + 314 y obtuvo 950. ¿Es razonable esta suma?

_____

10. ¿Cuál es la longitud combinada de los tres glaciares más largos?

_____

11. ¿Cuál es la longitud total de los cuatro glaciares más largos del mundo?

Glaciares más largos del mundo

Glaciar	Longitud (en millas)
Paso de hielo Lambert-Fisher	320
Novaya Zemlya	260
Paso de hielo del Instituto Ártico	225
Nimrod-Lennox-King	180

_____

12. ¿Cuál es la suma de 3,774 + 8,276 + 102?

A 1,251 **B** 12,152 **C** 13,052 **D** 102,152

13. Escribir para explicar Leonor sumó 6,641 + 1,482 + 9,879. ¿Debe ser su respuesta mayor o menor que 15,000?

_____

Restar números enteros

Así es como se resta.

Halla 7,445 − 1,368.

Estima: 7,000 − 1,000 = 6,000

Paso 1	**Paso 2**	**Paso 3**	**Paso 4**
315 7,4̸4̸5̸ − 1,368 —————— 7	13 3 ̸8̸15 7,4̸4̸5̸ − 1,368 —————— 77	13 3 ̸8̸15 7,4̸4̸5̸ − 1,368 —————— 077	13 3 ̸8̸15 7,4̸4̸5̸ − 1,368 —————— 6,077

No puedes restar 8 unidades de 5 unidades. Debes reagrupar.
 	
Reagrupa 4 decenas como 3 decenas y 10 unidades.
 	
Resta 8 unidades de 15 unidades.
	No puedes restar 6 decenas de 3 decenas. Debes reagrupar.
	
	Reagrupa 4 centenas como 3 decenas y 10 decenas.
	
	Resta 6 decenas de 13 decenas.
		Resta 3 centenas de 3 centenas.	Resta 1 millar de 7 millares.
			
			    1 1
			   6,077
			 + 1,368
			 ——————
			   7,445
			
			Puedes comprobar tu respuesta usando la suma.

Resta.

1.	624 − 379	**2.**	759 − 211	**3.**	814 − 662	**4.**	391 − 208
5.	4,772 −1,671	**6.**	8,335 − 4,188	**7.**	4,219 − 1,379	**8.**	5,216 − 2,158

9. Estimación Carlos tiene 2,175 canicas en su colección. Emily tiene 1,833 canicas en su colección. Carlos dice que tiene aproximadamente 1,000 canicas más que Emily. ¿Tiene razón Carlos?

_____

_____

R 4·4

Restar números enteros

Resta.

1. 7,242
  − 158

2. 520
  − 203

3. 848
  − 257

4. 6,797
  − 1,298

5. 753
  − 218

6. 7,392
  − 4,597

7. 3,898
  − 1,299

8. 3,721
  − 459

9. 3,328 − 1,754

10. 9,333 − 1,555

11. 6,797 − 1,298

12. ¿Cuál de las siguientes opciones describe mejor la respuesta al siguiente problema de resta?

$$3,775 − 1,831$$

A La respuesta es menor que 1,000.

B La respuesta es aproximadamente 1,000.

C La respuesta es mayor que 1,000.

D No lo puedes saber con la información dada.

13. Escribir para explicar La meta del Club Medioambiental es recolectar 1,525 latas antes del final del verano. El número de latas recolectadas cada semana se muestra en la siguiente tabla. ¿Cómo puedes hallar el número de latas que tienen que recolectar en la cuarta semana para cumplir con su meta?

Número de semana	Número de latas recolectadas
1	378
2	521
3	339
4	

_____

_____

Restar de ceros

Así es como resuelves restas de ceros.

Halla 606 − 377.

Estima: 600 − 400 = 200

Paso 1	Paso 2	Paso 3	Paso 4
$\begin{array}{r} 606 \\ -\ 377 \\ \hline \end{array}$	$\begin{array}{r} {\scriptstyle 5\ 10} \\ \cancel{606} \\ -\ 377 \\ \hline \end{array}$	$\begin{array}{r} {\scriptstyle 9} \\ {\scriptstyle 5\ \cancel{10}\ 16} \\ \cancel{606} \\ -\ 377 \\ \hline \end{array}$	$\begin{array}{r} {\scriptstyle 9} \\ {\scriptstyle 5\ \cancel{10}\ 16} \\ \cancel{606} \\ -\ 377 \\ \hline 229 \end{array}$
No puedes restar 7 unidades de 6 unidades, por tanto debes reagrupar.	Como hay un cero en el lugar de las decenas, debes reagrupar usando las centenas.

Reagrupa 6 centenas en 5 centenas y 10 decenas. | Reagrupa 10 decenas y 6 unidades en 9 decenas y 16 unidades. | Resta.

$\begin{array}{r} {\scriptstyle 1\ 1} \\ 229 \\ +\ 377 \\ \hline 606 \end{array}$

Puedes comprobar tu respuesta usando la suma. |

Resta.

1. $\begin{array}{r} 707 \\ -\ \ \ 58 \\ \hline \end{array}$

2. $\begin{array}{r} 950 \\ -\ \ \ 47 \\ \hline \end{array}$

3. $\begin{array}{r} 800 \\ -\ 638 \\ \hline \end{array}$

4. $\begin{array}{r} 3,506 \\ -\ \ \ 866 \\ \hline \end{array}$

5. $\begin{array}{r} 4,507 \\ -\ 3,569 \\ \hline \end{array}$

6. $\begin{array}{r} 3,076 \\ -\ 1,466 \\ \hline \end{array}$

7. $\begin{array}{r} 8,106 \\ -\ 2,999 \\ \hline \end{array}$

8. $\begin{array}{r} 6,083 \\ -\ 1,492 \\ \hline \end{array}$

9. **¿Es razonable?** Lexi restó 9,405 de 11,138.
¿Debe ser su respuesta mayor o menor que 2,000?
Explícalo.

_____

_____

Restar de ceros

Resta.

1. 906
− 45

2. 3,091
− 1,361

3. 4,000
− 2,557

4. 800
− 139

5. 1,070
− 593

6. 8,904
− 3,596

7. 3,007
− 2,366

8. 523
− 203

9. 7,403 − 3,254

10. 5,067 − 2,987

11. 6,790 − 1,298

_____

_____

_____

12. Robert se puso como meta nadar 1,000 largos en la piscina de su barrio durante las vacaciones de verano. Robert ha nadado 642 largos. ¿Cuántos largos más debe nadar para alcanzar su meta?

A 332

B 358

C 468

D 472

13. Escribir para explicar Si 694 − 72 = _____, entonces 622 + _____ = 694. Explica el proceso de comprobar tu trabajo.

_____

_____

_____

Resolución de problemas: Hacer un dibujo y escribir una ecuación

Lee las preguntas y sigue los pasos para desarrollar una estrategia de resolución de problemas.

La tienda de comestibles tenía 28 manzanas en su vitrina en la mañana. Al final del día, se habían comprado 11 manzanas. ¿Cuántas manzanas quedaron?

Paso 1: Lee/comprende

- Halla la información que te dan. [Había 28 manzanas; ahora hay 11 manzanas menos].

- Halla la información que debes averiguar [El número de manzanas que quedan].

Paso 2: Planea

- Haz un dibujo que te ayude a visualizar el problema que estás intentando resolver.

28 en total

11	?

Paso 3: Resuelve

- Averigua qué operación necesitas para resolver el problema y escribe una ecuación. [Resta; $28 - 11 = ?$]

- Resuelve la ecuación para responder al problema. [$28 - 11 = 17$; quedan 17 manzanas.]

---

1. **Práctica de la estrategia** Erika puso 12 hojuelas de comida de pez en su pecera antes de ir a la escuela el lunes y, cuando regresó a su casa, puso 13 hojuelas más. ¿Cuántas hojuelas puso en su pecera ese día? Usa los pasos para responder a la pregunta.

Paso 1:

- ¿Qué información te dan?

- ¿Qué información debes averiguar?

Paso 2:

- Haz un dibujo.

Paso 3:

- Escoge una operación y escribe una ecuación.

- Resuelve la ecuación.

Resuelve los siguientes problemas. Haz dibujos para ayudarte.

2. Roy está leyendo un libro de 68 páginas. Hasta ahora ha leído 24 páginas. ¿Cuántas páginas más tiene que leer para terminar el libro?

3. Hay 29 estudiantes en la orquesta de la escuela. Mientras ensayan, 6 estudiantes nuevos se unen a la orquesta. ¿Cuántos estudiantes hay ahora en la orquesta?

4. La maestra de Jaycee le dio una caja con 96 bolígrafos. Ella les dio 17 bolígrafos a sus compañeros de clase. ¿Cuántos bolígrafos quedan en la caja?

Resolución de problemas:
Hacer un dibujo y escribir una ecuación

En los Ejercicios **1** a **4**, escribe una ecuación y resuélvela. Usa la
ilustración como ayuda.

1. Un carro a control remoto tiene una velocidad de 5 pies por segundo. ¿Cuántos pies recorrerá el carro en 6 segundos?

_____

? pies en 6 segundos					
5 pies	5 pies	5 pies	5 pies	5 pies	5 pies

2. Danny tiene 45 minutos para hacer un examen de matemáticas. Si Danny termina la mitad del examen en 19 minutos, ¿cuántos minutos le quedan para terminarlo?

_____

45 minutos	
19 minutos	? minutos que quedan

3. Mientras estaba de compras, Janet compró una camisa a $8, un par de *jeans* a $22, mitones a $5 y un sombrero a $10. ¿Cuánto dinero gastó Jane?

_____

? dinero gastado			
$8	$22	$5	$10

4. En el año 2000, se cumplió el 175.º aniversario de la finalización del canal del Erie. Si se tardaron 8 años en excavar el canal, ¿en qué año empezó la excavación del canal del Erie?

_____

Año 2000		
175	8	? año en que empezó la excavación

5. El promedio de duración de una canción de cierto CD es 3 minutos. El CD tiene 12 canciones. Escribe una ecuación para la duración de todo el CD. Haz un dibujo como ayuda.

A 12×3 **B** $12 + 3$ **C** $12 \div 3$ **D** $12 - 3$

6. Escribir para explicar Jinny tarda 56 minutos en conducir hasta la casa de su amiga. Condujo 15 minutos y luego se detuvo en una tienda. Luego, condujo otros 10 minutos. ¿Qué necesitas hacer para hallar la cantidad de tiempo que le queda por conducir?

_____

_____

Matrices y multiplicación por 10 y 100

Puedes usar la suma como ayuda para multiplicar.

Halla 3 × 10.

Hay tres grupos de 10.

Suma 10 tres veces.
10 + 10 + 10 = 30
o
Multiplica 3 grupos de 10.
3 × 10 = 30

Halla 3 × 100.

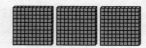

Hay tres grupos de 100.

Suma 100 tres veces.
100 + 100 + 100 = 300
o
Multiplica 3 grupos de 100.
3 × 100 = 300

Halla cada producto.

1. Halla 4 × 10.

Suma: 10 + 10 + 10 + 10 = _____

Por tanto, 4 × 10 = _____.

2. Halla 2 × 100.

Suma: 100 + 100 = _____

Por tanto, 2 × 100 = _____.

3. ¿Es razonable? Michael usó la suma para hallar 9 × 100 y dijo que el producto es 90. ¿En qué se equivocó?

_____

4. Dibuja dos conjuntos de matrices para representar 6 × 10 y 5 × 100. Luego muestra cómo usar la suma para hallar cada producto.

Matrices y multiplicación por 10 y 100

Halla cada producto.

1. $5 \times 10 =$ _____

2. $2 \times 100 =$ _____

3. $3 \times 10 =$ _____

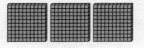

4. $3 \times 100 =$ _____

5. $6 \times 10 =$ _____

6. $5 \times 100 =$ _____

7. Razonamiento ¿Qué número entero usarías para completar
⬜ $\times 100 =$ ⬜00 de manera que ⬜00 sea mayor que 400
pero menor que 600?

_____

8. El señor James hace 100 abdominales cada mañana.
¿Cuántas abdominales hará en 7 días?

A 70   **B** 100   **C** 107   **D** 700

9. Escribir para explicar Jackie tiene 10 grupos de monedas de
1¢ y cada grupo tiene 3 monedas de 1¢. Carlos tiene 5 grupos
de monedas de 1¢ y cada grupo tiene 100 monedas de 1¢.
¿Quién tiene más monedas de 1¢? Explica cómo lo sabes.

_____
_____
_____
_____

Multiplicar por múltiplos de 10 y de 100

Los patrones pueden ayudarte a multiplicar por números que son múltiplos de 10 y 100.

$3 \times 5 = 15$	$2 \times 4 = 8$	$5 \times 7 = 35$
$3 \times 50 = 150$	$2 \times 40 = 80$	$5 \times 70 = 350$
$3 \times 500 = 1,500$	$2 \times 400 = 800$	$5 \times 700 = 3,500$

Para hallar cada uno de los productos de arriba, primero completa la operación básica de multiplicación. Luego escribe el mismo número de ceros que tenga el factor que es múltiplo de 10. Si el producto termina en cero, la respuesta tendrá un cero adicional. Por ejemplo:

Halla 4×500.

Primero halla 4×5. **$4 \times 5 = 20$**

Luego, cuenta el número de ceros del múltiplo de 100. **500 tiene 2 ceros.**

Escribe 2 ceros después del producto de la operación básica de multiplicación. Por tanto, hay 3 ceros en el producto. **2,000**

Halla cada producto. Calcula mentalmente.

1. $8 \times 80 =$ _____ **2.** $6 \times 60 =$ _____

3. $7 \times 90 =$ _____ **4.** $5 \times 200 =$ _____

5. $3 \times 40 =$ _____ **6.** $7 \times 200 =$ _____

7. $500 \times 6 =$ _____ **8.** $600 \times 9 =$ _____

9. $3 \times 800 =$ _____ **10.** $600 \times 7 =$ _____

11. Sentido numérico Para hallar 8×600, multiplica 8×6 y luego escribe ___ ceros para formar el producto.

Multiplicar por múltiplos de 10 y de 100

Halla cada producto. Calcula mentalmente.

1. $6 \times 70 =$ _____

2. $80 \times 2 =$ _____

3. $40 \times 9 =$ _____

4. $20 \times 3 =$ _____

5. $4 \times 500 =$ _____

6. $300 \times 9 =$ _____

7. $8 \times 600 =$ _____

8. $7 \times 400 =$ _____

9. $6 \times 200 =$ _____

10. $800 \times 5 =$ _____

11. $6 \times 800 =$ _____

12. $400 \times 3 =$ _____

13. **Sentido numérico** ¿Cuántos ceros tendrá el producto de 7×500? _____

El señor Young tiene 30 veces el número de lápices que tiene Jack. La escuela entera tiene 200 veces el número de lápices de Jack. Si Jack tiene 2 lápices, ¿cuántos lápices tienen cada uno de los siguientes?

14. El señor Young

15. La escuela entera

_____   _____

16. Halla 3×400.

A 120 **B** 1,200 **C** 12,000 **D** 120,000

17. **Escribir para explicar** Wendi dice que el producto de 5×400 tendrá 2 ceros. ¿Tiene razón? Explica tu respuesta.

_____

_____

_____

Descomponer para multiplicar

Puedes hacer más fácil la multiplicación al descomponer números más grandes de acuerdo a sus valores de posición.

Halla 3×35.

Descompón 35 en $30 + 5$.

Multiplica las decenas.	Multiplica las unidades.
$3 \times 30 = 90$	$3 \times 5 = 15$

Suma los productos parciales: $90 + 15 = 105$

Por tanto, $3 \times 35 = 105$.

Completa.

1. 5×23

$5 \times 20 = \boxed{}$

$5 \times 3 = \boxed{}$

$\boxed{} + \boxed{} = \boxed{}$

2. 4×246

$4 \times 200 = \boxed{}$

$4 \times 40 = \boxed{}$

$4 \times 6 = \boxed{}$

$\boxed{} + \boxed{} + \boxed{} = \boxed{}$

Halla cada producto. Puedes usar bloques de valor de posición o dibujos como ayuda.

3. $6 \times 21 =$ _____

4. $5 \times 43 =$ _____

5. $3 \times 116 =$ _____

6. $5 \times 22 =$ _____

7. $3 \times 352 =$ _____

8. $7 \times 226 =$ _____

9. $4 \times 34 =$ _____

10. $6 \times 217 =$ _____

11. Sentido numérico Tim dijo: "Para hallar 6×33 puedo sumar $18 + 18$". ¿Tiene razón? ¿Por qué?

Descomponer para multiplicar

Halla cada producto. Puedes usar bloques de valor de posición o hacer un dibujo como ayuda.

1. 4 × 43   **2.** 7 × 218   **3.** 5 × 13   **4.** 2 × 88   **5.** 4 × 334

_____ _____ _____ _____ _____

6. 3 × 49   **7.** 6 × 42   **8.** 4 × 156   **9.** 3 × 25   **10.** 5 × 224

_____ _____ _____ _____ _____

11. 2 × 54   **12.** 4 × 337   **13.** 7 × 22   **14.** 5 × 216   **15.** 6 × 137

_____ _____ _____ _____ _____

16. Un carpintero hace sillas con tablillas que forman el respaldo, como se muestra. Cada silla lleva 7 tablillas. El carpintero debe hacer 24 sillas. ¿Cuántas tablillas necesita?

Tablillas

_____

17. Cada panel de madera tiene 6 pies de ancho. Se requieren exactamente 19 paneles para cubrir las paredes de una habitación. ¿Cuántos pies de panel se requieren?

_____

18. ¿Qué opción es igual a 5 × 25?

A (5 × 5) + (2 × 5)   **C** 5 × 20

B (5 × 20) + (5 × 1)   **D** (5 × 20) + (5 × 5)

19. Escribir para explicar ¿Cómo multiplicas 242 × 8 usando la descomposición de números?

_____

_____

Usar el cálculo mental para multiplicar

Puedes multiplicar mentalmente usando la compensación.

Halla 4 × 19 usando la compensación.	Halla 6 × 205 usando compensación.

Paso 1: Sustituye 19 por un número que sea fácil de multiplicar por 4.

$$4 \times 19$$
$$\downarrow \quad \text{Suma 1 para hacer 20.}$$
$$4 \times 20$$

Paso 2: Halla el nuevo producto.

$$4 \times 20 = 80$$

Paso 3: Ahora, ajusta. Resta 4 grupos de 1.

$$80 - 4 = 76$$

Por tanto, 4 × 19 = 76.

Paso 1: Sustituye 205 por un número que sea fácil de multiplicar por 6.

$$6 \times 205$$
$$\downarrow \qquad \text{Resta 5 para}$$
$$6 \times 200 \qquad \text{hacer 200.}$$

Paso 2: Halla el nuevo producto.

$$6 \times 200 = 1,200$$

Paso 3: Ahora, ajusta. Suma 6 grupos de 5.

$$1,200 + 30 = 1,230$$

Por tanto, 6 × 205 = 1,230.

Usa la compensación para hallar cada producto.

1. 5 × 32 = _____

2. 195 × 5 = _____

3. 7 × 53 = _____

4. 66 × 2 = _____

5. 6 × 497 = _____

6. 92 × 4 = _____

7. 603 × 3 = _____

8. 31 × 8 = _____

9. 598 × 5 = _____

10. 4 × 29 = _____

11. 4 × 199 = _____

12. 310 × 6 = _____

13. **Álgebra** En $a \times 60 = 120$, a es un número de un dígito.
¿Qué número representa a?

Usar el cálculo mental para multiplicar

Usa la compensación para hallar cada producto.

1. $34 \times 4 =$ _____

2. $199 \times 6 =$ _____

3. $53 \times 7 =$ _____

4. $505 \times 4 =$ _____

5. $41 \times 6 =$ _____

6. $298 \times 6 =$ _____

7. $76 \times 5 =$ _____

8. $803 \times 7 =$ _____

9. $83 \times 3 =$ _____

10. $390 \times 2 =$ _____

11. $28 \times 8 =$ _____

12. $709 \times 4 =$ _____

13. $94 \times 2 =$ _____

14. $410 \times 8 =$ _____

15. $16 \times 4 =$ _____

16. $197 \times 5 =$ _____

17. $46 \times 5 =$ _____

18. $896 \times 9 =$ _____

19. ¿Es razonable? Quinn usó la compensación para hallar el producto de 37×4. Primero, halló $40 \times 4 = 160$. Después ajustó ese producto sumando 3 grupos de 4 para obtener el resultado final de 172. ¿Qué hizo incorrectamente?

_____

_____

_____

20. La panadería Davidson usa 9 docenas de huevos para hornear galletas cada día. Hay doce huevos en una docena. ¿Cuántos huevos usan?

A 90   **B** 98   **C** 108   **D** 112

21. Escribir para explicar Halla el producto de 503×6. Explica cómo hallaste el producto.

_____

_____

_____

Usar el redondeo para hacer una estimación

Puedes usar el redondeo para estimar productos.

Redondea para estimar 7 × 28.

Primero, redondea 28 a la decena más cercana. 28 se redondea a 30.

Luego multiplica. 7 × 30 = 210

Por tanto, 7 × 28 es aproximadamente 210.

Redondea para estimar 7 × 215.

Primero, redondea 215 a la centena más cercana. 215 se redondea a 200.

Luego multiplica. 7 × 200 = 1,400

Por tanto, 7 × 215 es aproximadamente 1,400.

Haz una estimación de cada producto.

1. 6 × 88 está cerca de 6 × _____

2. 279 × 4 está cerca de _____ × 4

3. 7 × 31 _____

4. 38 × 5 _____

5. 21 × 6 _____

6. 3 × 473 _____

7. 5 × 790 _____

8. 488 × 6 _____

9. **Sentido numérico** Haz una estimación para determinar si 5 × 68 es mayor que o menor que 350. Explica cómo lo decidiste.

_____

_____

10. Haz una estimación de cuántas Partes C se fabricarán en 4 meses.

_____

11. Haz una estimación de cuántas Partes B se fabricarán en 3 meses.

_____

12. Haz una estimación de cuántas Partes A se fabricarán en 9 meses.

_____

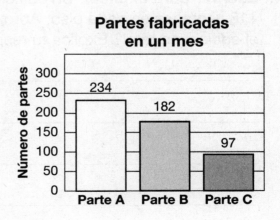

Partes fabricadas en un mes

Número de partes

300 —
250 — 234
200 — 182
150 — 97
100 —
50 —
0 —

Parte A   Parte B   Parte C

Nombre _____

Usar el redondeo para hacer una estimación

Haz una estimación de cada producto.

1. 38×2 _____

2. 7×47 _____

3. 54×6 _____

4. 121×2 _____

5. 578×8 _____

6. 823×3 _____

7. 7×289 _____

8. 183×4 _____

9. 2×87 _____

10. 673×8 _____

La distancia entre la casa de Bill y la de su tía es de 835 millas.

11. ¿Aproximadamente cuántas millas manejaría si hiciera 4 viajes de ida?

_____

12. ¿Aproximadamente cuántas millas manejaría si hiciera 9 viajes de ida?

_____

13. Vera tiene 8 cajas de clips. Cada caja contiene 275 clips. ¿Cuántos clips tiene Vera en total?

A 240   **B** 1,600   **C** 2,400   **D** 24,000

14. Escribir para explicar Un edificio de oficinas grande de 7 pisos tiene 116 ventanas en cada piso. Aproximadamente, ¿cuántas ventanas tiene el edificio en total? Explica tu respuesta.

_____

_____

_____

Resolución de problemas: ¿Es razonable?

Después de resolver un problema, es importante comprobar tu respuesta para asegurarte de que sea razonable.

Lee y Comprende

Hay 5 animales en una granja. Cada animal come 105 libras de comida por semana. ¿Cuánta comida tiene que comprar el granjero cada semana?

? libras de comida en total

105	105	105	105	105

Planea y resuelve

Usa la descomposición o la compensación para hallar 5×105. $5 \times 105 = 525$

Comprueba para ver si es razonable

Primero pregúntate: "¿Respondí a la pregunta correcta?". Después haz una estimación para comprobar tu respuesta: $5 \times 100 = 500$. La respuesta es razonable porque 500 está cerca de 525.

Resuelve los siguientes problemas. Comprueba que tus respuestas sean razonables.

1. Marisa dice que $302 \times 6 = 192$.
   Explica por qué la respuesta de Marisa no es razonable.

   _____

   _____

   _____

2. Jaime practicó natación por aproximadamente 11 horas cada semana durante 8 semanas. Aproximadamente, ¿cuántas horas practicó en total? ¿Cómo puedes comprobar tu respuesta?

   _____

   _____

   _____

Resolución de problemas:
¿Es razonable?

En los Ejercicios **1** y **2**, comprueba si la respuesta es razonable para decidir si la respuesta es correcta. Explica por qué la respuesta es razonable o no lo es. Si la respuesta es incorrecta, da la respuesta correcta.

1. Johan está vendiendo tarjetas de beisbol a 12¢ cada tarjeta. Está vendiendo 8 tarjetas y dice que ganará $8.

_____

_____

2. Erika quiere regalar 5 calcomanías a cada uno de sus compañeros de clase. En su clase se sientan en 4 filas de 7, y Erika dice que necesitará 140 calcomanías.

_____

_____

3. Víctor tiene 7 pilas de monedas y en cada pila hay 63 monedas. ¿Cuál es un número razonable de monedas que hay en todas las pilas?

  A 300, porque 7 × 63 es aproximadamente 7 × 40 = 280.

  B 360, porque 7 × 63 es aproximadamente 7 × 50 = 350.

  C 441, porque 7 × 63 es aproximadamente 7 × 60 = 420.

  D 500, porque 7 × 63 es aproximadamente 7 × 70 = 490.

Julie plantó un girasol y anotó su crecimiento en una tabla.
Usa la tabla para resolver los Ejercicios **4** y **5**.

4. ¿Qué tan alto crecerá el girasol después de la 5.ª semana si continúa creciendo al mismo ritmo?

_____

5. **Escribir para explicar** El girasol más alto del mundo alcanzó aproximadamente 300 pulgadas. Julie dice que su girasol alcanzará esa altura en 3 meses. ¿Es razonable la respuesta de Julie? Explica por qué. (Recuerda que hay 4 semanas en un mes.)

Altura del girasol	
Semana	**Altura en pulgadas**
1	16
2	32
3	48
4	64
5	

_____

_____

Matrices y el uso de algoritmos desarrollados

Puedes usar matrices con bloques de valor de posición para multiplicar.

Halla el producto de 3 × 14.

Lo que muestras	Lo que escribes
$3 \times 10 = 30$ $3 \times 4 = 12$ $30 + 12 = 42$	$\begin{array}{r} 14 \\ \times\ 3 \\ \hline 12 \\ +\ 30 \\ \hline 42 \end{array}$ 3 X 4 unidades 3 X 1 decena

Dibuja una matriz para cada problema para hallar los productos parciales y el producto. Completa el cálculo.

1. 18
  × 4

2. 21
  × 6

3. 17
  × 6

4. 11
  × 2

5. 23
  × 5

6. 16
  × 3

7. Sentido numérico ¿Cuáles dos problemas más sencillos puedes usar para hallar 9 × 38? (Pista: Piensa en decenas y unidades.)

Matrices y el uso de algoritmos desarrollados

Usa la matriz para hallar los productos parciales. Suma los productos parciales para hallar el producto.

1. 42
   × 8

2. 39
   × 7

3. 21
   × 4

4. 27
   × 6

5. 7 × 14 = _____

6. 3 × 52 = _____

7. 4 × 42 = _____

8. 5 × 26 = _____

9. 6 × 62 = _____

10. 9 × 76 = _____

11. Alex puede escribir 72 palabras por minuto. ¿Cuántas palabras puede escribir en 5 minutos?   _____

12. Halla 8 × 44.

   A 282   **B** 312   **C** 352   **D** 372

13. **Escribir para explicar** Explica cómo puedes usar una matriz para hallar productos parciales de 4 × 36.

_____

_____

_____

Relacionar algoritmos desarrollados y convencionales

Hay dos maneras de hallar el producto de 3 × 45.

Algoritmo desarrollado	Algoritmo convencional	
Halla los productos parciales. $$\begin{array}{r} 45 \\ \times\ 3 \\ \hline 15 \\ +\ 120 \\ \hline 135 \end{array}$$	$$\begin{array}{r} \boxed{1}\ \\ 45 \\ \times\ 3 \\ \hline 13\boxed{5} \end{array}$$	Multiplica las unidades. 3 × 5 unidades = 15 unidades Reagrupa si es necesario. 15 unidades = 1 decena 5 unidades Multiplica las decenas. 3 × 4 decenas = 12 decenas Suma las decenas adicionales. 12 + 1 = 13 decenas
	Escribe 13 decenas como 1 centena y 3 decenas.	

Resuelve.

1. **Hacer un dibujo** Halla 4 × 35 usando el algoritmo desarrollado y luego el algoritmo convencional.

2. El señor Miller trabaja 7 horas al día, de lunes a viernes, en su trabajo. ¿Cuántas horas trabaja en 2 semanas?

_____

3. **Piensa en el proceso** Escribe el problema de multiplicación que corresponde al dibujo de abajo. Luego, usa el algoritmo convencional para hallar el producto.

_____

4. **Escribir para explicar** Stella usó el algoritmo desarrollado para hallar el producto de 9 × 39. Su trabajo se muestra abajo. ¿Tiene razón? Explica tu respuesta.

$$\begin{array}{r} 39 \\ \times\ 9 \\ \hline 270 \\ +\ 81 \\ \hline 351 \end{array}$$

_____

Relacionar algoritmos desarrollados y convencionales

En los Ejercicios **1** a **4**, usa el algoritmo desarrollado para multiplicar.

1.
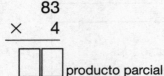

$$\begin{array}{r} 83 \\ \times\ \ 4 \end{array}$$

☐☐ producto parcial

+ ☐☐☐ producto parcial

☐☐☐ producto

2.

$$\begin{array}{r} 57 \\ \times\ \ 6 \end{array}$$

☐☐ producto parcial

+ ☐☐☐ producto parcial

☐☐☐ producto

3.

$$\begin{array}{r} 19 \\ \times\ \ 8 \end{array}$$

4.

$$\begin{array}{r} 42 \\ \times\ \ 9 \end{array}$$

En los Ejercicios **5** a **10**, usa el algoritmo convencional para multiplicar.

5.

$$\begin{array}{r} 75 \\ \times\ \ 6 \end{array}$$

6.

$$\begin{array}{r} 64 \\ \times\ \ 5 \end{array}$$

7.

$$\begin{array}{r} 17 \\ \times\ \ 9 \end{array}$$

8.

$$\begin{array}{r} 93 \\ \times\ \ 4 \end{array}$$

9.

$$\begin{array}{r} 28 \\ \times\ \ 7 \end{array}$$

10.

$$\begin{array}{r} 56 \\ \times\ \ 8 \end{array}$$

11. Un autobús tiene 38 asientos y 14 ventanas. ¿Cuántas ventanas hay en 6 autobuses?

A 70 **B** 84 **C** 102 **D** 228

12. Escribir para explicar Supón que debes hallar 4 × 57. ¿En qué se parecen el algoritmo desarrollado y el algoritmo convencional? ¿En qué se diferencian?

_____

_____

_____

_____

Multiplicar números de 2 dígitos por números de 1 dígito

A continuación se explica cómo multiplicar un número de 2 dígitos por uno de 1 dígito, usando lápiz y papel.

Halla 3 × 24.	Lo que piensas	Lo que escribes
Paso 1 Multiplica las unidades. Reagrupa si es necesario.	3 × 4 = 12 unidades Reagrupa 12 unidades en 1 decena y 2 unidades.	$\begin{array}{r} 1 \\ 24 \\ \times\ 3 \\ \hline 2 \end{array}$
Paso 2 Multiplica las decenas. Suma las decenas adicionales.	3 × 2 decenas = 6 decenas 6 decenas + 1 decena = 7 decenas	$\begin{array}{r} 1 \\ 24 \\ \times\ 3 \\ \hline 72 \end{array}$

¿Es razonable tu respuesta?

Respuesta exacta: 3 × 24 = 72

Piensa: 24 está cerca de 25.

Haz una estimación: 3 × 25 = 75. Dado que 72 está cerca de 75, la respuesta es razonable.

Halla cada producto. Haz una estimación para comprobar si es razonable.

1. $\begin{array}{r} 13 \\ \times\ 3 \\ \hline \end{array}$

2. $\begin{array}{r} 17 \\ \times\ 7 \\ \hline \end{array}$

3. $\begin{array}{r} 24 \\ \times\ 5 \\ \hline \end{array}$

4. $\begin{array}{r} 48 \\ \times\ 8 \\ \hline \end{array}$

5. $\begin{array}{r} 62 \\ \times\ 6 \\ \hline \end{array}$

6. $\begin{array}{r} 36 \\ \times\ 5 \\ \hline \end{array}$

7. $\begin{array}{r} 88 \\ \times\ 5 \\ \hline \end{array}$

8. $\begin{array}{r} 52 \\ \times\ 8 \\ \hline \end{array}$

9. Estimación Usa la estimación para decidir cuál da el mayor producto: 81 × 6 ó 79 × 5. _____

Multiplicar números de 2 dígitos por números de 1 dígito

Halla cada producto. Haz una estimación para comprobar si es razonable.

1.
$$\begin{array}{r} 1\ 9 \\ \times\ \ \ 4 \\ \hline 7\ \square\ \square \end{array}$$

2.
$$\begin{array}{r} 2\ 3 \\ \times\ \ \ 7 \\ \hline \square\ 6\ \square \end{array}$$

3.
$$\begin{array}{r} 5\ 1 \\ \times\ \ \ 6 \\ \hline \square\ 0\ \square \end{array}$$

4.
$$\begin{array}{r} 39 \\ \times\ 7 \\ \hline \end{array}$$

5.
$$\begin{array}{r} 48 \\ \times\ 5 \\ \hline \end{array}$$

6.
$$\begin{array}{r} 53 \\ \times\ 7 \\ \hline \end{array}$$

7.
$$\begin{array}{r} 29 \\ \times\ 8 \\ \hline \end{array}$$

8. $42 \times 6 = $ _____

9. $89 \times 8 = $ _____

10. $77 \times 9 = $ _____

11. $94 \times 4 = $ _____

12. **Sentido numérico** Penny dice que $4 \times 65 = 260$. Haz una estimación para comprobar la respuesta de Penny. ¿Tiene razón? Explica tu respuesta.

_____

_____

13. Un enorme camión de volteo usa aproximadamente 18 galones de combustible por 1 hora de trabajo. Aproximadamente, ¿cuántos galones de combustible son necesarios para que el camión trabaje 5 horas? _____

14. ¿Cuál de las siguientes opciones es una estimación razonable para 6×82?

A 48 **B** 480 **C** 540 **D** 550

15. **Escribir para explicar** Tyrone tiene 6 veces el número de canicas que su hermana Pam. Pam tiene 34 canicas. Louis tiene 202 canicas. ¿Quién tiene más canicas, Tyrone o Louis? Explica cómo hallaste la respuesta.

_____

_____

Multiplicar números de 3 y de 4 dígitos por números de 1 dígito

Los pasos siguientes muestran cómo multiplicar números más grandes.

	Ejemplo A	Ejemplo B
Paso 1 Multiplica las unidades. Reagrupa si es necesario.	1 154 × 4 6	2 1,214 × 7 8
Paso 2 Multiplica las decenas. Suma las decenas adicionales. Reagrupa si es necesario.	21 154 × 4 16	2 1,214 × 7 98
Paso 3 Multiplica las centenas. Suma cualquier centena adicional.	21 154 × 4 616	1 2 1,214 × 7 498
Paso 4 Multiplica los millares. Suma cualquier millar adicional.		1 2 1,214 × 7 8,498

Halla cada producto. Haz una estimación para comprobar si es razonable.

1. 185
  × 4

2. 517
  × 4

3. 2,741
  × 3

4. 413
  × 6

5. 2,625
  × 6

6. 812
  × 5

7. 3,711
  × 8

8. 1,381
  × 5

9. Molly y su hermana tienen 118 conchas marinas cada una. ¿Cuántas conchas marinas tienen en total?

10. Una fábrica puede producir 2,418 pelotas de futbol en 1 semana. ¿Cuántas puede producir en 9 semanas?

_____

Nombre _____

Multiplicar números de 3 y de 4 dígitos por números de 1 dígito

Halla cada producto. Haz una estimación para comprobar si es razonable.

1.　　352
　　× 　3

2.　　2,768
　　× 　　7

3.　　482
　　× 　8

4.　　3,521
　　× 　　4

5.　　4,219
　　× 　　6

6.　　385
　　× 　4

7.　　632
　　× 　5

8.　　1,848
　　× 　　9

9. $7 \times 2,117 =$ _____

10. $6 \times 517 =$ _____

En los Ejercicios **11** y **12**, usa la tabla de la derecha.

11. Si el Jugador A anota el mismo número de carreras cada temporada, ¿cuántas carreras anotará en 5 temporadas?

_____

Carreras anotadas en 2010

Jugador	Carreras anotadas
A	128
B	113
C	142

12. Si el Jugador C anota el mismo de carreras cada temporada, ¿cuántas carreras anotará en 8 temporadas?

_____

13. ¿Cuántas botellas de agua vendería Tim en total si vendiera 1,734 botellas por semana durante 4 semanas?

A 5,886　　　**B** 6,836　　　**C** 6,928　　　**D** 6,936

14. Si sabes que $8 \times 300 = 2,400$, ¿cómo puedes hallar 8×232? Explícalo.

_____

_____

_____

Multiplicar por números de 1 dígito

Sigue los pasos descritos a continuación para multiplicar por un número de 1 dígito.

Halla el producto de 3 × 2,576.

① Multiplica las unidades: 3 × 6 unidades = 18 unidades.
   Reagrupa como 1 decena y 8 unidades.

② Multiplica las decenas: 3 × 7 decenas = 21 decenas.
   Suma 1 decena reagrupada; 22 decenas.
   Reagrupa como 2 centenas y 2 decenas.

③ Multiplica las centenas: 3 × 5 centenas = 15 centenas.
   Suma 2 centenas reagrupadas; 17 centenas.
   Reagrupa como 1 millar y 7 centenas.

④ Multiplica los millares: 3 × 2 millares = 6 millares.
   Suma 1 millar reagrupado; 7 millares.

$$\begin{array}{r} \overset{1\ \ 2\,1}{2,576} \\ \times\ \ \ \ 3 \\ \hline 7,728 \end{array}$$

Completa la tabla. La primera fila ya está terminada como ejemplo.

Halla el producto.	Haz una estimación del producto.	Halla el producto exacto.	¿Es razonable?
1. 7 × 66	7 × 70 = 490	$\begin{array}{r}\overset{4}{66}\\\times\ 7\\\hline 462\end{array}$	_X_ Sí ___ No
2. 8 × 93	_____ × _____ = _____		___ Sí ___ No
3. 6 × 875	_____ × _____ = _____		___ Sí ___ No
4. 3 × 486	_____ × _____ = _____		___ Sí ___ No
5. 4 × 7,821	__ × _____ = _____		___ Sí ___ No
6. 5 × 3,111	__ × _____ = _____		___ Sí ___ No

7. **Sentido numérico** Margo halló que 3 × 741 = 2,223.
   ¿Cómo calculas mentalmente para hallar el producto de 6 × 741?

_____

_____

Multiplicar por números de 1 dígito

Halla cada producto. Haz una estimación para comprobar si es razonable.

1. 49
    × 3

2. 87
    × 5

3. 726
    × 9

4. 518
    × 4

5. 7 × 3,258 = _____

6. 8 × 1,096 = _____

7. 2 × 4,615 = _____

8. 3 × 2,934 = _____

9. Se necesitan miles de dibujos para hacer una película de dibujos animados. Los personajes de estas películas se "mueven" porque cada dibujo pasa muy rápidamente. Si en 1 minuto pasan 1,440 dibujos, ¿cuántos dibujos se necesitan para una película de 7 minutos?

_____

10. El Cine Plaza tiene 6 salas. Cada sala tiene 452 asientos. ¿Cuántos asientos tiene el Cine Plaza en total?

A 2,721   C 2,708

B 2,712   D 2,522

En los Ejercicios 11 a 14, usa los precios de la tabla a la derecha.

11. ¿Cuánto más cuestan 5 taladros inalámbricos que 4 lijadoras de banda?

_____

Herramientas eléctricas	Precio
Sierra circular	$129
Lijadora de banda	$247
Taladro inalámbrico	$206

12. **Sentido numérico** Un carpintero tiene $1,000. ¿Puede comprar 5 taladros inalámbricos? Explícalo.

_____

_____

13. Jacob compró una nueva sierra circular. Después compró 8 sierras distintas. Cada sierra le costó $23. ¿Cuánto gastó Jacob en total?

_____

14. **Escribir para explicar** Aaron quiere comprar 2 herramientas de cada tipo. ¿Cuál es el costo total? Explica tu respuesta.

_____

Resolución de problemas:
Información que falta o que sobra

Algunos problemas contienen mucha información o muy poca información. Si a un problema le falta información, no puedes resolverlo. Si un problema da información que sobra, necesitarás identificar qué información se necesita para resolverlo.

Paso 1: Lee y comprende

Ramón tiene 6 pies de estatura. Una jirafa macho media es 3 veces más alta que Ramón y pesa aproximadamente 1,800 libras. ¿Cuál es la estatura media de una jirafa macho?

Para resolver este problema necesitas hallar qué tan alto es el macho de la jirafa en promedio.

Paso 2: Planea y resuelve

Decide qué información necesitas para resolver el problema y qué información sobra.

Necesitas saber la estatura de Ramón para hallar la estatura media de la jirafa macho. No necesitas conocer el peso de las jirafas para responder a esta pregunta. Multiplica por 3 la estatura de Ramón.

$$3 \times 6 = 18$$

La estatura media de una jirafa macho es de 18 pies.

Nora tiene una colección de 14 animales de peluche.
Su colección incluye osos, leones, gatos y pingüinos.
Mindy tiene el doble de animales de peluche que Nora.

1. ¿Tienes suficiente información para hallar cuántos animales de peluche tiene Mindy? Explica tu respuesta.

_____

_____

2. ¿Qué información no usaste para resolver este problema?

_____

_____

3. ¿Cuántos animales de peluche tiene Mindy?

_____

Resolución de problemas: Información que falta o que sobra

En los Ejercicios **1** a **3**, decide si cada problema tiene información que sobra o que falta. Indica la información que sobra o que falta. Resuelve los problemas si tienes la información necesaria.

1. Kendall es el lanzador del equipo de beisbol de su escuela. En cada juego que Kendall lanza, realiza 5 ponches. Cada juego dura aproximadamente 2 horas. Si Kendall lanza en 7 juegos durante la temporada, ¿cuántas veces poncha al bateador en total?

   _____

2. **Geometría** Sandra está instalando una valla alrededor de su jardín, que tiene la forma de un cuadrado. Cada pie de vallado cuesta $9. Si cada lado de la valla debe tener 8 pies de largo, ¿cuántos pies de vallado necesitará Sandra?

   _____

3. Gretchen canta y toca la guitarra en una banda después de ir a la escuela. Si Gretchen canta la mitad de las canciones que la banda interpreta, ¿cuántas canciones interpreta la banda?

   _____

4. ¿Qué necesitas saber si estás tratando de hallar el año en que George Washington nació, si sabes que murió en 1799?

   A El año en curso

   B La fecha exacta en que murió

   C La edad que tenía al morir

   D No hay suficiente información

5. **Escribir para explicar** Si desearas escribir un problema verbal acerca de la cantidad de dinero que reunió el grupo de cuarto grado en su venta de pasteles, ¿qué información tendrías que incluir?

   _____

Matrices y multiplicación de números de 2 dígitos por múltiplos de 10

Puedes usar una matriz para hallar el producto de 20 × 32.

Piensa: 20 grupos de 30 + 20 grupos de 2

20 grupos de 30 = 600

20 grupos de 2 = 40

600 + 40 = 640

Por tanto, 20 × 32 = 640.

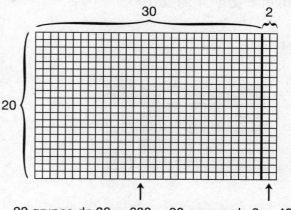

20 grupos de 30 = 600   20 grupos de 2 = 40

Halla cada producto.

1. 10 × 12

10 grupos de 10 = _____

10 grupos de 2 = _____

_____ + _____ = _____

Por tanto, 10 × 12 = _____

2. 20 × 18

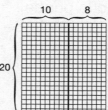

20 grupos de 10 = _____

20 grupos de 8 = _____

_____ + _____ = _____

Por tanto, 20 × 18 = _____

Usa modelos para hallar cada producto.

3. 40 × 16 _____

4. 30 × 34 _____

5. **Escribir para explicar** Describe cómo se vería una matriz que represente 70 × 35. ¿Cuántas filas tendría? ¿Cuántos elementos tendría en cada fila?

_____

_____

R 7·1

Matrices y multiplicación de números de 2 dígitos por múltiplos de 10

Halla cada producto.

1. $10 \times 34 =$ _____

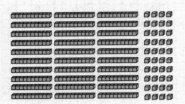

2. $20 \times 42 =$ _____

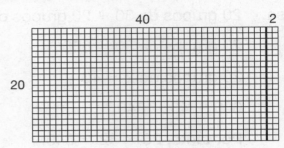

Dibuja una matriz para hallar cada producto.

3. $40 \times 24 =$ _____

4. $30 \times 33 =$ _____

5. La matriz de la derecha puede usarse para hallar el producto de dos números. ¿Cuáles son los dos números?

_____

6. Se necesitan aproximadamente 40 galones de agua para lavar una carga en la lavadora. ¿Cuántos galones de agua se necesitan para lavar 15 cargas de lavadora?

A 400   **B** 415   **C** 600   **D** 900

7. Escribir para explicar La maestra de arte tiene 30 cajas de crayones con 16 crayones en cada caja. Reparte 10 de las cajas a los estudiantes para que los usen. Explica cómo hallar cuántos crayones le sobraron.

_____

_____

Usar el cálculo mental para multiplicar números de 2 dígitos

Puedes multiplicar mentalmente usando operaciones básicas y patrones.

Ejemplo A: $5 \times 5 = 25$

$5 \times 50 = 250$

El producto contiene el número de ceros de cada factor.

Ejemplo B: $5 \times 6 = 30$

$5 \times 60 = 300$

$50 \times 60 = 3{,}000$

Cuando el producto de una operación básica incluye un cero,
hay un cero adicional en el producto.

Multiplica. Calcula mentalmente.

1. $20 \times 20 =$

_____

2. $50 \times 10 =$

_____

3. $40 \times 40 =$

_____

4. $30 \times 80 =$

_____

5. $60 \times 60 =$

_____

6. $50 \times 90 =$

_____

7. $70 \times 30 =$

_____

8. $70 \times 60 =$

_____

9. $40 \times 50 =$

_____

10. Escribe los números que van en los espacios en blanco.

Para hallar 90×30, multiplica _____ por _____.

Luego, escribe _____ ceros al final.

Usar el cálculo mental para multiplicar números de 2 dígitos

Multiplica. Calcula mentalmente.

1. $40 \times 30 =$ _____

2. $50 \times 90 =$ _____

3. $90 \times 20 =$ _____

4. $60 \times 50 =$ _____

5. $30 \times 60 =$ _____

6. $40 \times 60 =$ _____

7. $90 \times 70 =$ _____

8. $70 \times 40 =$ _____

9. $50 \times 80 =$ _____

10. $30 \times 80 =$ _____

11. $90 \times 50 =$ _____

12. $50 \times 40 =$ _____

13. ¿Cuántos ceros hay en el producto de 60×90? Explica cómo lo sabes.

_____

_____

El Estudiante A escribe 40 palabras en un minuto. El Estudiante B
escribe 30 palabras en un minuto.

14. ¿Cuántas palabras puede escribir el
Estudiante A en 20 minutos? _____

15. ¿Cuántas palabras puede escribir el
Estudiante B en 30 minutos? _____

16. ¿Cuántas palabras puede escribir el Estudiante A en 60 minutos?

A 240   **B** 2,400   **C** 24,000   **D** 240,000

17. **Escribir para explicar** Hay 30 jugadores en cada equipo de futbol
americano de la escuela secundaria. Explica cómo puedes hallar el
número total de jugadores si hay 40 equipos.

_____

_____

_____

Nombre _____

Usar el redondeo para hacer una estimación

Usa el redondeo para estimar 28 × 36.

Paso 1
Redondea cada número a la decena más cercana.

- Mira el dígito en el lugar de las unidades. Dado que es mayor que 5, suma 1 al dígito en el lugar de redondeo.

- Cambia el dígito a la derecha del lugar de redondeo a 0.

28 se redondea a 30 y 36 a 40.

28×36
↓ ↓
30×40

Paso 2
Multiplica 30 × 40.

$30 \times 40 = 1,200$

Por tanto, 28 × 36 es aproximadamente 1,200.

Usa el redondeo para estimar cada producto.

1. 31 × 12

31 se redondea a _____.

12 se redondea a _____.

_____ × _____ = _____

2. 28 × 17

28 se redondea a _____.

17 se redondea a _____.

_____ × _____ = _____

3. 46 × 13 = _____

4. 52 × 42 = _____

5. 42 × 18 = _____

6. 38 × 36 = _____

7. 48 × 59 = _____

8. 71 × 34 = _____

9. 62 × 82 = _____

10. 95 × 21 = _____

11. La tienda escolar tiene 25 paquetes de borradores. Hay 12 borradores en cada paquete. ¿Aproximadamente cuántos borradores tiene la tienda escolar para vender?

_____

12. Chris estimó el producto de 37 y 86 multiplicando 40 × 90. Indica cómo sabes si el resultado es mayor que o menor que el producto real.

_____

_____

Usar el redondeo para hacer una estimación

Usa el redondeo para hacer una estimación de cada producto.

1. $38 \times 13 =$ _____

2. $41 \times 18 =$ _____

3. $54 \times 14 =$ _____

4. $44 \times 22 =$ _____

5. $45 \times 19 =$ _____

6. $34 \times 48 =$ _____

7. $39 \times 37 =$ _____

8. $25 \times 81 =$ _____

9. $51 \times 39 =$ _____

10. $48 \times 29 =$ _____

11. $71 \times 63 =$ _____

12. $82 \times 54 =$ _____

13. Un pescador de aguas profundas fue a pescar 14 veces el mes pasado. Pescó 28 peces cada vez. ¿Aproximadamente cuántos peces pescó en total el mes pasado?

_____

14. Los caimanes ponen entre 20 y 50 huevos en un nido. Un guardián del Parque Nacional Everglades contó el número de huevos en 28 nidos. En promedio había 40 huevos en cada nido. ¿Aproximadamente cuántos huevos contó?

A 80

C 800

B 120

D 1,200

15. Escribir para explicar Eric estimó 28×48 hallando 30×50. Su estimación fue de 1,500, pero dice que el producto real será mayor que esa cantidad. ¿Tiene razón? Explica cómo lo sabes.

_____

_____

Usar números compatibles para hacer una estimación

Usa números compatibles para estimar 24 × 36.

Recuerda que los números compatibles son números fáciles de multiplicar.

Paso 1
Escoge números compatibles.

- 24 está cerca de 25.

- 36 está cerca de 40.

24 × 36
↓   ↓
25 × 40

Paso 2
Multiplica los números compatibles.

25 × 40 = 1,000

Por tanto, 24 × 36 es aproximadamente 1,000.

Estima para hallar cada producto.

1. 23 × 12

23 está cerca de 25.

12 está cerca de _____.

25 × _____ = _____

2. 24 × 31

24 está cerca de 25.

31 está cerca de _____.

_____ × _____ = _____

3. 42 × 26

42 está cerca de _____.

26 está cerca de _____.

_____ × _____ = _____

4. 63 × 59

63 está cerca de _____.

59 está cerca de _____.

_____ × _____ = _____

5. 19 × 24 = _____

6. 51 × 17 = _____

7. 82 × 78 = _____

8. 24 × 61 = _____

9. 48 × 29 = _____

10. 53 × 39 = _____

11. Hay 27 oficinas en cada piso de un rascacielos. ¿Aproximadamente cuántas oficinas hay en 32 pisos?

_____

12. Yoko estima que el producto de 48 y 53 es 250. ¿Es razonable? ¿Por qué?

_____

_____

Usar números compatibles para hacer una estimación

Estima para hallar cada producto.

1. $27 \times 39 =$ _____

2. $27 \times 22 =$ _____

3. $24 \times 34 =$ _____

4. $78 \times 21 =$ _____

5. $41 \times 48 =$ _____

6. $23 \times 28 =$ _____

7. $44 \times 44 =$ _____

8. $72 \times 38 =$ _____

9. $52 \times 42 =$ _____

10. $67 \times 18 =$ _____

11. $46 \times 19 =$ _____

12. $34 \times 48 =$ _____

13. **Sentido numérico** Marc hace una estimación de 67×36 hallando 70×40. ¿Será su estimación mayor que o menor que el producto real? Explica cómo lo sabes.

_____

_____

14. Un total de 42 personas pueden subirse a una rueda de Chicago en un paseo. ¿Cuál es la mejor manera de hacer una estimación para hallar el número de personas que pueden subirse a la rueda de Chicago en 26 paseos?

A 40×20 **C** 40×25

B 30×30 **D** 40×50

15. **Escribir para explicar** Describe cómo puedes usar números compatibles para hacer una estimación de 17×27.

_____

_____

Resolución de problemas:
Problemas de varios pasos

Chad y Amy cortaron céspedes en su vecindario para ganar dinero. Cobraron $20 por césped. Un fin de semana Amy cortó 4 céspedes y Chad cortó 3 céspedes. ¿Cuánto dinero ganaron juntos en total?

Solución uno

Pregunta escondida: ¿Cuántos céspedes cortaron en total?

Chad cortó 3 céspedes, Amy cortó 4 céspedes.

$3 + 4 = 7$

Cortaron 7 céspedes.

Pregunta del problema: ¿Cuánto dinero ganaron juntos en total?

7 céspedes $\times$ $20 = $140

Chad y Amy ganaron $140.

Solución dos

Pregunta escondida 1: ¿Cuánto dinero ganó Chad por cortar los céspedes?

$3 \times $20 = 60

Pregunta escondida 2: ¿Cuánto dinero ganó Amy por cortar los céspedes?

$4 \times $20 = 80

Pregunta del problema: ¿Cuánto dinero ganaron juntos en total?

$$60 + $80 = 140

Chad y Amy ganaron $140.

Escribe y responde a la pregunta escondida o las preguntas escondidas. Después resuelve el problema. Escribe tu respuesta en una oración completa.

1. Keisha vendió 8 cintas y 6 broches en una feria de artesanías. Vendió las cintas a $3 cada una y los broches a $2 cada uno. ¿Cuánto dinero ganó Keisha?

2. Ken usa 6 manzanas y 2 plátanos para hacer una ensalada de frutas. Coloca el doble de naranjas que de plátanos en la ensalada. ¿Cuántas frutas usará Ken para hacer 2 ensaladas?

Resolución de problemas:
Problemas de varios pasos

En el Ejercicio **1**, escribe y responde a la pregunta escondida o las preguntas escondidas. Después resuelve el problema. Escribe tu respuesta en una oración completa. Usa la tabla de la derecha.

Boletos para la feria del condado	
Adultos	$5
Estudiantes	$3
Niños	$2

1. Mario y su familia fueron a la feria del condado. Compraron 2 boletos para adultos y 3 para niños. ¿Cuál fue el costo total para toda la familia?

_____

_____

_____

2. Un autobús tiene 12 filas con 1 asiento en cada fila en un lado y 12 filas de 2 asientos en el otro lado. ¿Cuántos asientos tiene el autobús en total?

A 3   **B** 12   **C** 24   **D** 36

3. ¿A qué preguntas escondidas necesitas responder en el Ejercicio **2**?

_____

_____

4. Escribir para explicar Escribe un problema sobre una lavandería automática que contenga una pregunta escondida. Una sola carga de lavandería cuesta $2 y una carga doble cuesta $4. Explica cómo resolviste tu problema.

_____

_____

Matrices y multiplicación de números de 2 dígitos

Una forma de hallar el producto de 12 × 24 es usando una matriz.

Dibuja un rectángulo con 24 unidades de longitud por 12 unidades de ancho.

Divide el rectángulo en decenas y unidades para cada factor.
Halla el número de cuadrados en cada rectángulo más pequeño.
Después suma los números de cuadrados de los cuatro
rectángulos pequeños.

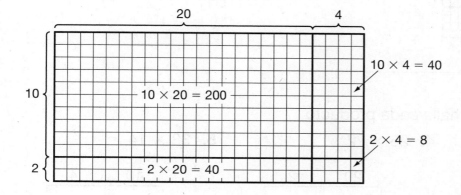

$$
\begin{array}{r}
8 \\
40 \\
40 \\
+\ 200 \\
\hline
288
\end{array}
$$

Por tanto, 12 × 24 = 288.

Otra manera de hallar 12 × 24 es
dibujar una tabla. Separa los factores
en decenas y unidades. Multiplica para
hallar cada producto. Luego, suma.

	20	4
10	200	40
2	40	8

8 + 40 + 40 + 200 = 288
Por tanto, 12 × 24 = 288.

Usa la cuadrícula para hallar cada producto.

1. 11 × 22

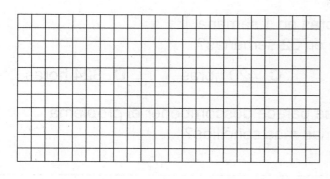

_____

2. 34 × 29

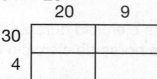

	20	9
30		
4		

Matrices y multiplicación de números de 2 dígitos

Usa la cuadrícula para hallar cada producto.

1. 17 × 23

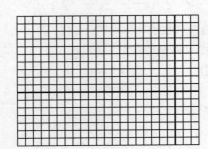

_____

2. 14 × 12

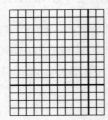

_____

Completa la tabla. Luego, halla cada producto.

3. 31 × 19

	10	9
30		
1		

_____

4. 26 × 22

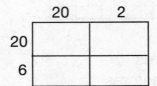

_____

5. 33 × 14

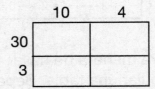

_____

6. 24 × 57 = _____

7. 44 × 48 = _____

8. Un canguro rojo puede recorrer 40 pies en 1 brinco.
¿Cuántos pies puede recorrer en 12 brincos?   _____

9. Barb hace ejercicio durante 14 horas en 1 semana.
¿Cuántas horas de ejercicio hace en 32 semanas?

A 496 horas   **B** 448 horas   **C** 420 horas   **D** 324 horas

10. Escribir para explicar ¿En qué se parece descomponer el problema
16 × 34 a resolver cuatro problemas más sencillos?

_____

Matrices y algoritmos desarrollados

Puedes usar una tabla de valor de posición para organizar el algoritmo desarrollado para multiplicar.

Halla 13 × 82.

Multiplica las unidades.			
M	C	D	U
		8	2
×		1	3
	2	4	6 0

Multiplica las decenas.			
M	C	D	U
		8	2
×		1	3
	2	4	6 0
	8	2 0	0 0

Suma los productos parciales			
M	C	D	U
		8	2
×		1	3
		4	6
	2	2	0 0
+	8	0	0
1	0	6	6

Por tanto, 13 × 82 = 1,066.

Resuelve.

1. Una caja grande surtida tiene 64 crayones. El maestro de arte compra 24 cajas grandes surtidas al principio de cada año escolar. ¿Cuántos crayones compra en total?

_____

2. Un nuevo edificio tendrá 64 apartamentos de dos dormitorios. Cada apartamento necesitará 18 tomacorrientes. ¿Cuántos tomacorrientes deben instalar los electricistas en total?

_____

3. **Sentido numérico** Usa la tabla de valor de posición de la derecha para multiplicar 45 × 37. Asegúrate de anotar cada producto parcial en la columna correcta de la tabla. Al lado de cada producto parcial, anota los números que multiplicaste. Después halla el producto final.

M	C	D	U	
		3	7	Lo que multiplico
	×	4	5	
				_____
				_____
				_____
+				_____

Nombre _____

Matrices y algoritmos desarrollados

Halla los productos parciales. Luego, suma para hallar el producto.

1. $\begin{array}{r} 29 \\ \times\ 47 \\ \hline \end{array}$

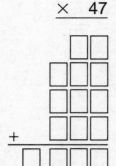

2. $\begin{array}{r} 91 \\ \times\ 64 \\ \hline \end{array}$

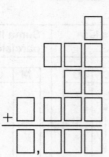

3. $\begin{array}{r} 38 \\ \times\ 48 \\ \hline \end{array}$

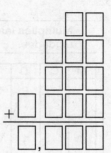

Usa el algoritmo desarrollado para hallar el producto.

4. $\begin{array}{r} 79 \\ \times\ 25 \\ \hline \end{array}$

5. $\begin{array}{r} 82 \\ \times\ 14 \\ \hline \end{array}$

6. $\begin{array}{r} 53 \\ \times\ 36 \\ \hline \end{array}$

7. $\begin{array}{r} 44 \\ \times\ 31 \\ \hline \end{array}$

8. $\begin{array}{r} 35 \\ \times\ 17 \\ \hline \end{array}$

9. $\begin{array}{r} 53 \\ \times\ 28 \\ \hline \end{array}$

10. $\begin{array}{r} 41 \\ \times\ 23 \\ \hline \end{array}$

11. $\begin{array}{r} 60 \\ \times\ 16 \\ \hline \end{array}$

12. Walter es dibujante de revistas de historietas. Generalmente dibuja 36 tiras cómicas al día. ¿Cuántas tiras cómicas dibujará en 2 semanas?

A 72　　　**B** 180　　　**C** 404　　　**D** 504

13. Escribir para explicar Wilma usó el algoritmo desarrollado para resolver 62×13. Su trabajo se muestra a la derecha. ¿En qué se equivocó? Explica cuáles productos parciales debió haber sumado Wilma para hallar el producto correcto.

$$\begin{array}{r} 13 \\ \times\ 62 \\ \hline 6 \\ 2 \\ 180 \\ +\ 60 \\ \hline 248 \end{array}$$

Multiplicar números de 2 dígitos por múltiplos de 10

Halla el producto de 60 y 26.

Una manera de hallar 60 × 26 es usar una cuadrícula.
Representa 60 filas de 26 cuadrados en cada fila.

Descompón 26 en decenas y unidades: 26 = 20 + 6.

Dibuja una línea vertical en la cuadrícula para
separarla en dos secciones. Rotula una sección
60 × 20. Rotula la otra sección 60 × 6.

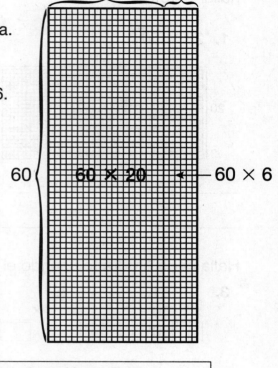

Multiplica para hallar los productos parciales:
60 × 20 = 1,200 y 60 × 6 = 360.

Suma los productos parciales:
1,200 + 360 = 1,560. Por tanto, 60 × 26 = 1,560.

Una manera más corta de hallar
60 × 26 es multiplicar
6 decenas × 26 usando
el algoritmo convencional.

$$\begin{array}{r} 3 \\ 26 \\ \times\ 60 \\ \hline 1,560 \end{array}$$

Anota 0 en el lugar de las
unidades del producto. Después
halla 6 decenas × 26. El producto
es 156 decenas o 1,560.

En los Ejercicios **1** a **5**, halla cada producto.

1. 23 × 40 _____

2. 16 × 30 _____

3. 34 × 50 _____

4. 60 × 47 _____

5. 17 × 80 _____

Multiplicar números de 2 dígitos por múltiplos de 10

Usa la cuadrícula para hallar los productos parciales. Luego, suma para hallar el total.

1. 23 × 50

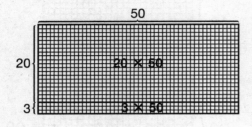

_____

_____

2. 30 × 82

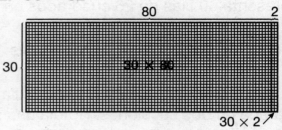

_____

_____

Halla cada producto usando el algoritmo convencional.

3.   61
   ×   30
    ☐☐30

4.   32
   ×   60
    ☐☐20

5.   75
   ×   70
   ☐☐☐0

6.   93
   ×   50
   4☐☐☐

7.   66
   ×   20

8.   53
   ×   40

9.   86
   ×   80

10.   39
   ×   90

11. ¿Qué números son los productos parciales de 77 × 30?

   A 210 y 700

   B 2,100 y 210

   C 511 y 2,100

   D 4,900 y 210

12. Escribir para explicar Explica cómo puedes resolver 40 × 16 descomponiendo los números.

_____

_____

Multiplicar números de 2 dígitos por números de 2 dígitos

Hay 24 carros en una carrera. Cada carro tiene 13 trabajadores en el área de servicio. ¿Cuántos trabajadores hay en total en el área de servicio?

Paso 1	**Paso 2**	**Paso 3**
Multiplica las unidades.	Multiplica las decenas.	Suma los productos parciales.
Reagrupa si es necesario.	Reagrupa si es necesario.	

Paso 1

$$\begin{array}{r} 1 \\ 24 \\ \times\ 13 \\ \hline 72 \end{array} \leftarrow 3 \times 24$$

Paso 2

$$\begin{array}{r} 24 \\ \times\ 13 \\ \hline 72 \\ 240 \end{array} \leftarrow 10 \times 24$$

Paso 3

$$\begin{array}{r} 24 \\ \times\ 13 \\ \hline 72 \\ +\ 240 \\ \hline 312 \end{array}$$

$24 \times 13 = 312$, por tanto, hay 312 trabajadores en el área de servicio en la carrera.

Halla cada producto. Empieza multiplicando las unidades. Luego, multiplica las decenas.

1.
$$\begin{array}{r} 38 \\ \times\ 26 \end{array}$$

2.
$$\begin{array}{r} 67 \\ \times\ 27 \end{array}$$

3.
$$\begin{array}{r} 47 \\ \times\ 85 \end{array}$$

4.
$$\begin{array}{r} 88 \\ \times\ 32 \end{array}$$

5.
$$\begin{array}{r} 53 \\ \times\ 48 \end{array}$$

6.
$$\begin{array}{r} 18 \\ \times\ 77 \end{array}$$

7.
$$\begin{array}{r} 67 \\ \times\ 34 \end{array}$$

8.
$$\begin{array}{r} 91 \\ \times\ 46 \end{array}$$

9. **¿Es razonable?** Corina multiplicó 62×22 y halló un producto de 1,042. Explica por qué la respuesta de Corina no es razonable.

_____

_____

_____

Nombre _____

Multiplicar números de 2 dígitos por números de 2 dígitos

Halla el producto.

1. 54
× 17

2. 36
× 20

3. 53
× 12

4. 48
× 46

5. 37
× 83

6. 62
× 17

7. 91
× 49

8. 28
× 56

9. 70
× 39

10. 58
× 90

11. 97
× 42

12. 64
× 88

13. Una caja contiene 24 botellas de jugo. ¿Cuántas botellas de jugo hay en 15 cajas?

_____

14. ¿Cuánto pesan 21 fanegas de maíz?

_____

15. ¿Cuánto pesan 18 fanegas de espárragos?

_____

Verdura	Peso de 1 fanega
Espárragos	24 libras
Remolachas	52 libras
Zanahorias	50 libras
Maíz	35 libras

16. ¿Cuánto más pesan 13 fanegas de remolachas que 13 fanegas de zanahorias?

17. ¿Cuál de las siguientes opciones es una respuesta razonable para 92 × 98?

A 1,800 **B** 9,000 **C** 18,000 **D** 90,000

18. Escribir para explicar Garth está multiplicando 29 × 16. Halló el producto parcial 174 después de multiplicar las unidades y 290 después de multiplicar las decenas. Explica cómo puede Garth hallar el producto final.

_____

Resolución de problemas:
Problemas de dos preguntas

Lee y comprende

Problema 1: Gina da 3 hojas de papel a cada uno de los 12 estudiantes de su clase. ¿Cuántas hojas de papel reparte en total?

Problema 2: Cada hoja de papel tiene 3 clips. ¿Cuántos clips reparte?

Primero responde al Problema 1.

? hojas de papel											
3	3	3	3	3	3	3	3	3	3	3	3

12 estudiantes × 3 hojas de papel = 36 hojas de papel

Gina repartió 36 hojas de papel.

Planea y resuelve

Usa la respuesta del Problema 1 para resolver el Problema 2.

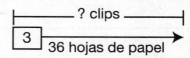

36 hojas de papel × 3 clips = 108 clips
Gina repartió 108 clips.

Resuelve. Usa la respuesta del Problema 1 para resolver el Problema 2.

1. **Problema 1:** Abril hizo 16 canastas y pegó 5 flores en cada una. ¿Cuántas flores usó en total?

   Problema 2: Cada flor que Abril usó tenía 8 pétalos. ¿Cuántos pétalos había en las flores que usó?

   _____

2. **Problema 1:** Jorge lavó carros durante cuatro horas el sábado. En la primera hora lavó 4 carros. En la segunda, 7 carros. En la tercera, lavó 9 carros. ¿Cuántos carros lavó durante las primeras tres horas?

   Problema 2: En la cuarta hora, Jorge lavó tantos carros como las cantidades combinadas de las tres horas anteriores. ¿Cuántos carros lavó en las cuatro horas?

Resolución de problemas:
Problemas de dos preguntas

En los Ejercicios **1** y **2**, usa la respuesta del primer problema para resolver el segundo.

1. **Problema 1:** Francisco lee 75 páginas cada semana como parte de un programa de lectura de verano. Si hay aproximadamente 4 semanas en un mes, ¿cuántas páginas lee Francisco en un mes?

   _____

   Problema 2: ¿Cuántas páginas leerá Francisco en los 3 meses del verano?

   _____

2. **Problema 1:** El señor Dunn hace un viaje de ida y vuelta de 12 millas 3 veces por semana al parque para perros. ¿Cuántas millas recorre?

   _____

   Problema 2: El señor Dunn estima que usa 4 galones de gasolina en una semana para ir al parque para perros y regresar a la casa. ¿Cuántas millas por galón rinde su carro?

   _____

3. **Problema 1:** Una compañía compra papel para impresora en cajas que contienen 8 paquetes cada una. ¿Qué expresión muestra cuántos paquetes de papel hay en 12 cajas?

   A $8 + 8$ **B** $8 \div 2$ **C** $8 + 12$ **D** 8×12

   Problema 2: Cada paquete de papel cuesta 3 dólares. Explica cómo hallar cuánto costarán 12 cajas de papel para impresora.

   _____

   _____

   _____

Usar el cálculo mental para dividir

Cuando divides números que terminan en cero, puedes usar operaciones de división básicas y patrones para ayudarte a dividir mentalmente. Por ejemplo:

	Halla 210 ÷ 7.	Halla 4,200 ÷ 6.
Lo que **piensas**	Primero halla la operación básica. **21**0 ÷ **7** = **21** ÷ **7** = **21** decenas ÷ **7** = 3 decenas o 30	Halla la operación básica. **4,2**00 ÷ **6** = **42** ÷ **6** = **42** centenas ÷ **6** = 7 centenas o 700
Lo que **escribes**	210 ÷ 7 = 30	4,200 ÷ 6 = 700

Divide. Calcula mentalmente.

1. 250 ÷ 5 = _____

2. 7,200 ÷ 9 = _____

3. 200 ÷ 4 = _____

4. 2,800 ÷ 7 = _____

5. 810 ÷ 9 = _____

6. 5,000 ÷ 5 = _____

7. **Sentido numérico** ¿Qué operación básica usarías como ayuda para resolver 450,000 ÷ 9? _____

8. En 1 semana hay 7 días. ¿Cuántas semanas hay en 210 días?

_____

9. ¿Cuántas semanas hay en 420 días?

_____

Usar el cálculo mental para dividir

Divide. Calcula mentalmente.

1. $250 \div 5 =$ _____

2. $1,400 \div 2 =$ _____

3. $300 \div 5 =$ _____

4. $1,600 \div 4 =$ _____

5. $240 \div 8 =$ _____

6. $3,600 \div 4 =$ _____

7. $1,600 \div 2 =$ _____

8. $270 \div 3 =$ _____

9. $4,200 \div 7 =$ _____

10. $640 \div 8 =$ _____

11. $2,000 \div 5 =$ _____

12. $320 \div 8 =$ _____

13. $1,200 \div 2 =$ _____

14. $1,600 \div 8 =$ _____

Los estudiantes de cuarto grado presentaron una obra basada en el cuento de La Cenicienta. Había una silla para cada persona presente.

15. El viernes, fueron 140 personas a la obra.
Las sillas en el auditorio se ordenaron en 7
filas iguales. ¿Cuántas sillas había en cada fila? _____

16. Para la función del sábado había 8 filas de sillas
ordenadas de igual manera. Fueron a la función
240 personas. ¿Cuántas sillas había en cada fila? _____

17. ¿Cuál es el cociente de $56,000 \div 8$?

A 40 **B** 400 **C** 70 **D** 700

18. **Escribir para explicar** Explica por qué la siguiente
respuesta no es correcta: $1,000 \div 5 = \underline{2,000}$.

_____

_____

_____

Estimar cocientes

Estima $460 \div 9$.

Puedes usar números compatibles.

Pregúntate: ¿Qué número cercano a 460 puede ser fácilmente dividido por 9? Intenta 450.

$450 \div 9 = 50$

Por tanto, $460 \div 9$ es aproximadamente 50.

También puedes estimar pensando en la multiplicación.

Pregúntate: ¿Nueve veces qué número es aproximadamente 460?

$9 \times 5 = 45$, por tanto $9 \times 50 = 450$.

Por tanto $460 \div 9$ es aproximadamente 50.

50 es una buena estimación para este problema.

Estima cada cociente.

1. $165 \div 4$ _____

2. $35 \div 4$ _____

3. $715 \div 9$ _____

4. $490 \div 8$ _____

5. $512 \div 5$ _____

6. $652 \div 8$ _____

7. $790 \div 9$ _____

8. $200 \div 7$ _____

9. $311 \div 6$ _____

10. **Sentido numérico** Completa llenando el círculo con $<$ ó $>$. Explica, sin dividir, cómo sabes qué cociente es mayor.

$315 \div 5 \bigcirc 347 \div 5$

_____

_____

Nombre _____

Estimar cocientes

Estima cada cociente.

1. 82 ÷ 4 _____

2. 580 ÷ 3 _____

3. 96 ÷ 5 _____

4. 811 ÷ 2 _____

5. 194 ÷ 6 _____

6. 207 ÷ 7 _____

7. 282 ÷ 4 _____

8. 479 ÷ 8 _____

9. Jacqui está escribiendo un libro.
Si necesita escribir 87 páginas en
9 días, ¿aproximadamente cuántas
páginas escribirá por día?   _____

10. Wade quiere darle 412 de sus canicas
a 10 de sus amigos. Si le da a cada uno
de sus amigos el mismo número de
canicas, ¿aproximadamente cuántas
canicas recibirá cada amigo?   _____

11. ¿Cuál es la mejor estimación para 502 ÷ 6?

A 60   **B** 70   **C** 80   **D** 90

12. **Escribir para explicar** Estás usando la división para
determinar cuánta harina necesitas usar en una receta
de pan. ¿Es suficiente una estimación?

_____

_____

Estimar cocientes para dividendos más grandes

Halla 294 ÷ 5.

Piensa en múltiplos de 5.   5, 10, 15, 20, 25, 30.

Subraya los dos primeros dígitos de 2̲9̲4.

Halla el múltiplo de 5 que está más cerca de 29. Ese múltiplo es 30.

$6 \times 5 = 30$, por tanto,
$60 \times 5 = 300$.
$300 \div 5 = 60$

294 ÷ 5 es aproximadamente 60.

Estima cada cociente.

1. 1,561 ÷ 8

   Piensa en múltiplos de 8.   8, 16, _____, _____, 40, _____

   Subraya los dos primeros dígitos de 1,561.

   ¿Qué múltiplo de 8 está más cerca de 15? _____

   ¿Cuánto es 200 × 8? _____

   ¿Cuánto es 1,600 ÷ 8? _____

   Por tanto, 1,561 ÷ 8 es aproximadamente _____.

2. 461 ÷ 9 _____

3. 2,356 ÷ 6 _____

4. 5,352 ÷ 9 _____

Estimar cocientes para dividendos más grandes

Estima cada cociente.

1. 381 ÷ 5 _____

2. 5,985 ÷ 9 _____

3. 2,753 ÷ 7 _____

4. 190 ÷ 8 _____

5. 427 ÷ 6 _____

6. 1,127 ÷ 4 _____

7. 143 ÷ 3 _____

8. 386 ÷ 9 _____

9. 4,088 ÷ 5 _____

10. 1,378 ÷ 4 _____

11. 4,405 ÷ 6 _____

12. 812 ÷ 7 _____

13. 3,942 ÷ 8 _____

14. 933 ÷ 3 _____

15. 4,471 ÷ 7 _____

16. 5,251 ÷ 9 _____

17. La familia de Daniel cultiva pacanas. El año pasado
cosecharon 1,309 libras de pacanas. Si las empacaron
en bolsas con 3 libras de pacanas en cada una,
¿aproximadamente cuántas bolsas llenaron?

A 40 bolsas   **B** 50 bolsas   **C** 400 bolsas   **D** 500 bolsas

18. Razonar En el Campamento Diversión de Verano hay
4 excursionistas en cada carpa. El campamento va a
recibir 331 excursionistas. ¿Aproximadamente cuántas
carpas se necesitan? ¿Será el número de carpas que
realmente necesitan mayor o menor que la estimación?
¿Cómo lo sabes?

_____

_____

Dividir con residuos

Cuando divides, puedes pensar que estás poniendo objetos en grupos. Por ejemplo:

$$60 \div 6 = 10$$

60 objetos   6 grupos   10 objetos en cada grupo

A veces sobran objetos. En la división, el número de objetos "sobrantes" se llama *residuo*. Por ejemplo:

$$62 \div 6 = 10 \text{ R2} \longrightarrow \text{sobran 2 objetos}$$

62 objetos   6 grupos   10 objetos en cada grupo

Divide. Puedes usar fichas o dibujos como ayuda.

1. $4\overline{)34}$

2. $8\overline{)65}$

3. $9\overline{)75}$

4. $6\overline{)27}$

5. $5\overline{)14}$

6. $9\overline{)37}$

7. Sentido numérico En una división, ¿por qué no debe ser mayor el residuo que el divisor?

_____

Dividir con residuos

Divide. Puedes usar fichas o dibujos como ayuda.

1. $4\overline{)27}$ **2.** $6\overline{)32}$ **3.** $7\overline{)17}$ **4.** $9\overline{)29}$

5. $8\overline{)27}$ **6.** $3\overline{)27}$ **7.** $5\overline{)28}$ **8.** $4\overline{)35}$

9. $2\overline{)19}$ **10.** $7\overline{)30}$ **11.** $3\overline{)17}$ **12.** $9\overline{)16}$

Si ordenas estos objetos en filas iguales, di cuántos habrá en
cada fila y cuántos sobrarán.

13. 26 conchas marinas en 3 filas   _____

14. 19 monedas de 1¢ en 5 filas   _____

15. 17 globos en 7 filas   _____

16. **¿Es razonable?** La señora Nikkel quiere dividir su clase de
23 estudiantes en 4 equipos iguales. ¿Es esto razonable?
¿Por qué?

_____

_____

17. ¿Cuál es el residuo para el cociente de $79 \div 8$?

A 7   **B** 6   **C** 5   **D** 4

18. **Escribir para explicar** Los lápices se venden en paquetes
de 5. Explica por qué necesitas 6 paquetes para tener
suficientes lápices para 27 estudiantes.

_____

_____

Cuentos sobre multiplicación y división

Multiplica cuando quieras combinar grupos iguales y divide cuando quieras hallar el número de grupos. Puedes hacer un dibujo que te ayude a interpretar un cuento y convertirlo en un problema de matemáticas.

Una rueda de bicicleta tiene 36 rayos y éstos se venden en paquetes de 5. ¿Cuántos paquetes debes comprar para reemplazar todos los rayos de una rueda?

Puedes hacer un dibujo que muestre los rayos que hay en un paquete.

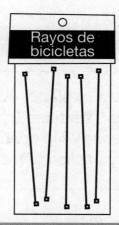

Rayos de bicicletas

---

1. ¿Quieres combinar grupos iguales o quieres hallar el número de grupos?

_____

2. ¿Necesitas multiplicar o dividir? _____

3. ¿Cuál es la expresión numérica para este problema? _____

4. ¿Cuál es la solución a esta expresión? _____

5. ¿Cuántos paquetes debes comprar? _____

6. **Escribir para explicar** ¿Por qué son diferentes las dos respuestas anteriores?

_____

Cuentos sobre multiplicación y división

Usa los cuentos para resolver los Ejercicios **1** a **4**.

1. Nacieron 3 camadas en la Perrera Broadway el año pasado y cada camada tenía 7 cachorros. ¿Cuántos cachorros nacieron en la Perrera Broadway el año pasado?

   _____

2. **Geometría** Martín está formando cuadrados con 26 palitos. ¿Cuántos cuadrados puede hacer? Escribe y resuelve la operación numérica que usaste para hallar la respuesta.

   _____

3. **Escribir para explicar** 60 personas asistirán a una cena. En cada mesa pueden sentarse 8 personas. ¿Cuántas mesas se necesitan? Escribe y resuelve la operación numérica que usaste para hallar la respuesta, y explica tu razonamiento.

   _____

   _____

   _____

4. En un estacionamiento, algunos carros tienen 1 llanta de repuesto y otros no la tienen. En total hay 43 llantas y 9 carros. ¿Cuántos carros tienen una llanta de repuesto?

   _____

   _____

Escribe un cuento de multiplicación usando la siguiente multiplicación. Después resuélvelo.

5. 14×4

   _____

   _____

   _____

Resolución de problemas: Hacer un dibujo y escribir una ecuación

Lee la pregunta y sigue los pasos para resolver.

Bryan tiene 24 botellas de agua. Él y sus amigos tienen 8 mochilas. Si pone el mismo número de botellas en cada mochila, ¿cuántas botellas habrá en cada una?

Paso 1: Lee y comprende

- Busca la información que el problema te proporciona. [Hay 24 botellas de agua y 8 mochilas.]

- Busca la información que el problema te pide hallar. [El número de botellas en cada mochila.]

Paso 2: Planea y resuelve

- Haz un dibujo para ayudarte a visualizar el problema.

24 en total

| ? | ? | ? | ? | ? | ? | ? | ? |

- Halla qué operación necesitas usar. [División]

- Escribe una ecuación. [24 ÷ 8 =?] Resuelve. [? = 3 botellas]

Paso 3: Comprueba

$24 \div 8 = 3$

Comprueba: $3 \times 8 = 24$

La respuesta se comprueba.

---

1. **Práctica de la estrategia** Joeli tiene 10 monedas de 25¢. Ella quiere comprar tarjetas postales para enviarlas a sus amigos. Cada tarjeta postal cuesta 2 monedas de 25¢. ¿Cuántas tarjetas puede comprar?

   - ¿Qué te dice la pregunta?

   _____

   - ¿Qué te pide la pregunta que halles?

   _____

   - Escribe una ecuación. Resuélvela y comprueba.

   _____

Resuelve los siguientes problemas. Haz un dibujo como ayuda.

2. Mack tiene 36 fotos. En su álbum puede acomodar 9 fotos por página. ¿Cuántas páginas necesitará usar? _____

3. Hay 7 microbuses para llevar de excursión a 56 estudiantes. Si cada microbús tiene el mismo número de estudiantes, ¿cuántos viajan en cada microbús? _____

Resolución de problemas: Hacer un dibujo y escribir una ecuación

Resuelve. Haz un dibujo y escribe una ecuación como ayuda.

1. Terrence tiene 16 trofeos y quiere repartirlos por igual en cada uno de 4 estantes. ¿Cuántos trofeos habrá en cada estante?

16 trofeos

| ? | ? | ? | ? |

↑ Trofeos por estante

_____

2. La maestra Parker tiene 21 marcapáginas que quiere regalar a los 7 miembros del club de lectura. ¿Cuántos marcapáginas recibirá cada uno de los miembros?

21 marcapáginas

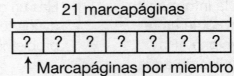

↑ Marcapáginas por miembro

_____

3. Lisa tiene 45 *megabytes* de espacio en su unidad de memoria portátil. Ella tiene 5 archivos del mismo tamaño que llenarán ese espacio. ¿Cuántos *megabytes* tiene cada archivo?

45 *megabytes*

| ? | ? | ? | ? | ? |

↑ *Megabytes* por archivo

_____

4. Una tienda está exhibiendo las cajas de un nuevo videojuego en 7 filas. Si la tienda tiene 49 copias del videojuego, ¿cuántos juegos hay en cada fila?

49 videojuegos

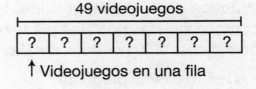

↑ Videojuegos en una fila

_____

5. Álgebra Remy tiene 8 años. Ella tiene el doble de edad que su hermana menor. ¿Cuál de las siguientes expresiones muestra la edad de la hermana de Remy?

A 8×2　　　**B** $8 \div 2$　　　**C** $8 + 2$　　　**D** $8 - 2$

6. Jillian quiere organizar su colección de CD en cajas de madera. En cada caja caben 8 CD. Jillian tiene 48 CD. ¿Cómo puede usar un dibujo para hallar cuántas cajas de madera necesita?

_____

_____

Usar objetos para dividir:
La división como resta repetida

Cuando divides, restas grupos iguales.

Doris tiene 32 fresas. Ella prepara cajas de almuerzo colocando 4 fresas en cada caja. ¿Cuántas cajas de almuerzo puede preparar?

Lo que piensas Doris pondrá 4 fresas en cada caja de almuerzo. ¿Cuántas cajas puede preparar?

Lo que muestras Resta repetida

$32 - 4 = 28$	$16 - 4 = 12$
$28 - 4 = 24$	$12 - 4 = 8$
$24 - 4 = 20$	$8 - 4 = 4$
$20 - 4 = 16$	$4 - 4 = 0$

Puedes restar 4 de 32 ocho veces.

Lo que escribes: $32 \div 4 = 8$

32 es el dividendo, el número que se está dividiendo.

4 es el divisor, el número por el que se está dividiendo el dividendo.

8 es el cociente, o la respuesta a la división.

Haz dibujos para resolver cada problema.

1. Tienes 15 canicas. Pones 5 canicas en cada grupo. ¿Cuántos grupos puedes formar?

   _____

2. Tienes 20 cubos de hielo.
   Pones 4 cubos en cada vaso.
   ¿Cuántos vasos necesitas?

   _____

Usar objetos para dividir:
La división como resta repetida

Haz dibujos para resolver cada problema.

1. Anthony tiene 18 calcomanías. Quiere darle 3 a cada uno de sus amigos. ¿A cuántos amigos puede darles calcomanías?

___

2. La señora Riggins tiene 40 azulejos de vidrio. Quiere pegar 8 azulejos en cada maceta que está decorando. ¿Cuántas macetas puede decorar con los azulejos?

___

3. Hay 21 estudiantes en la clase del maestro Tentler. La clase se divide en grupos de 3 estudiantes. ¿Cuántos grupos se forman?

___

4. Calvin lee un libro de 90 páginas. Si lee 10 páginas cada día, ¿cuántos días tardará en leer todo el libro?

   A 3 días

   B 6 días

   C 9 días

   D 12 días

5. El distrito escolar va a repartir 24 banderas a sus escuelas. Si le da 4 banderas a cada escuela, ¿cuántas escuelas recibirán banderas? Explica tu respuesta.

___

___

La división como resta repetida

Para el Día de Limpieza de la Ciudad, 18 personas se ofrecieron como voluntarios para limpiar el parque de la ciudad. Los voluntarios trabajaron en grupos de 3 personas cada uno. ¿Cuántos grupos de voluntarios limpiaron el parque?

Usa la resta repetida para hallar el número de grupos.

$18 - 3 = 15$
$15 - 3 = 12$
$12 - 3 = 9$
$9 - 3 = 6$
$6 - 3 = 3$
$3 - 3 = 0$

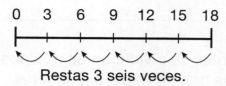

Restas 3 seis veces.

Hay 6 grupos de voluntarios.

Usa la resta repetida para dividir. Usa una recta numérica como ayuda.

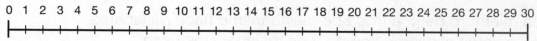

1. Mark está colocando 12 carros a escala en grupos iguales. Cada grupo tiene 4 carros a escala. ¿Cuántos grupos de carros a escala hará?

_____

2. Hay 24 estudiantes en la clase de gimnasia. Se dividieron en equipos de 6 para un juego de voleibol. ¿Cuántos equipos había?

_____

3. Cada collar que hace Carola tiene 5 cuentas. ¿Cuántos collares puede hacer Carola con 20 cuentas?

_____

4. Amy tiene 12 muñecas en su colección. Coloca 6 muñecas en cada estante. ¿Cuántos estantes necesita?

_____

5. Charlie tiene 15 tareas domésticas que hacer. Puede completar 4 tareas en un día. ¿Cuántos días le tomará a Charlie completar sus tareas?

_____

6. La tienda de mascotas tiene 9 periquitos. Si hay 3 periquitos en cada jaula, ¿cuántas jaulas hay?

_____

7. Shawn necesita aprenderse 15 canciones para el concierto de su banda. Si aprende 3 canciones por semana, ¿cuántas semanas le tomará aprenderse todas las canciones?

_____

8. En la escuela primaria Rosa, 27 maestros se inscribieron para compartir el carro para ir a la escuela. Si 3 maestros viajan juntos en cada carro, ¿cuántos carros se necesitan para todos los maestros?

_____

La división como resta repetida

Usa la resta repetida para resolver cada problema. Haz dibujos como ayuda.

1. Roger compra un paquete de 16 huesos de cuero sin curtir para su perro. Le da a su perro 4 huesos cada semana. ¿Cuántas semanas durará cada paquete de huesos de cuero sin curtir?

_____

2. Durante el recreo, 24 estudiantes se dividieron en equipos para jugar a la pelota. En cada equipo había 6 jugadores. ¿Cuántos equipos había?

_____

3. Cada miembro de una tropa de malabarismo hace malabares con 6 pelotas al mismo tiempo. Los malabaristas usan 18 pelotas durante un espectáculo. ¿Cuántos malabaristas hay en el espectáculo?

_____

4. La feria del condado tiene 4 personas trabajando en el puesto de antojitos en cada turno. Si 32 personas trabajan en el puesto de antojitos cada día, ¿cuántos turnos hay?

_____

5. Para un recital de piano, Jessie está tocando una canción que tiene 3 minutos de duración. Ensaya tocando la canción varias veces seguidas. Si ensaya durante 21 minutos, ¿cuántas veces toca la canción?

A 6   **B** 7   **C** 8   **D** 9

6. Ryan quiere correr 12 millas cada semana para prepararse para el minimaratón. ¿Cuántos días necesitaría ir a correr si sólo corre 3 millas cada día? Explícalo.

_____

_____

Usar objetos para dividir:
La división como repartición

Puedes usar modelos como ayuda para resolver problemas de división.
Los modelos de abajo te ayudan a encontrar 78 ÷ 5.
Halla 78 ÷ 5.
Estima 80 ÷ 5 = 16.

Primero, divide las decenas.	Ahora, convierte las decenas a unidades.	Ahora, divide las unidades.	Ahora, escribe el residuo.
$\begin{array}{r} 1 \\ 5\overline{)78} \\ -5 \end{array}$ 5 decenas	$\begin{array}{r} 1 \\ 5\overline{)78} \\ -5 \\ \hline 28 \end{array}$ 5 decenas 28 unidades	$\begin{array}{r} 15 \\ 5\overline{)78} \\ -5 \\ \hline 28 \\ -25 \\ \hline 3 \end{array}$ 5 decenas 28 unidades	$\begin{array}{r} 15R3 \\ 5\overline{)78} \\ -5 \\ \hline 28 \\ -25 \\ \hline 3 \end{array}$ 5 decenas 28 unidades residuo

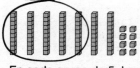

En cada grupo de 5, hay un bloque de decenas.

2 bloques de decenas y 8 bloques de unidades es igual a 28 bloques de unidades.

Cada grupo de 5 tiene 1 bloque de decenas y 5 bloques de unidades.

78 ÷ 5 = 15 R3

Usa los modelos de abajo como ayuda para rellenar los recuadros.

1. 66 ÷ [   ] = [   ] R2

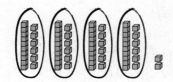

2. 97 ÷ 4 = [   ] R [   ]

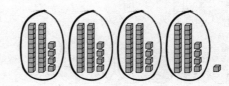

3. [   ] ÷ 7 = [   ] R6

4. 76 ÷ [   ] = [   ] R [   ]

Usar objetos para dividir:
La división como repartición

Haz dibujos para determinar cuántos hay en cada grupo y cuántos sobran.

1. 57 CD en 8 organizadores

2. 62 calcomanías en 5 rollos

_____

3. 44 plantas en 6 filas

4. 37 sillas para 9 mesas

_____

En los Ejercicios **5** a **8**, usa el modelo para completar cada división.

5. $27 \div \boxed{} = \boxed{}$ R3

6. $\boxed{} \div 9 = \boxed{}$

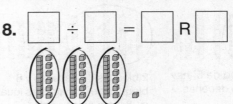

7. $\boxed{} \div \boxed{} = \boxed{}$

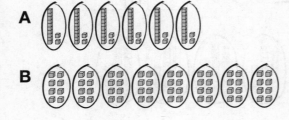

8. $\boxed{} \div \boxed{} = \boxed{}$ R $\boxed{}$

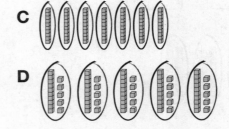

9. Ken tiene 72 canicas. Él decide compartirlas con sus amigos de modo que puedan jugar un juego. ¿Cuál de los siguientes modelos muestra a Ken compartiendo sus canicas?

A

C

B

D

10. Escribir para explicar En la granja del señor Horne hay 53 vacas. Hay 4 personas que ordeñan a las vacas todos los días. ¿Ordeña cada persona el mismo número de vacas? Usa un modelo para ayudarte.

_____

_____

Dividir números de 2 dígitos por números de 1 dígito

Puedes hallar cocientes de dos dígitos si descompones el problema y divides las decenas y después las unidades.

Halla 85 ÷ 5.	Halla 55 ÷ 3.	Halla 83 ÷ 7.
Estima: 100 ÷ 5 = 20.	Estima: 60 ÷ 3 = 20.	Estima: 84 ÷ 7 = 12.

$$
\begin{array}{r}
17 \\
5\overline{)85} \\
-5 \\
\hline
35 \\
-35 \\
\hline
0
\end{array}
$$

$$
\begin{array}{r}
18\,R1 \\
3\overline{)55} \\
-3 \\
\hline
25 \\
-24 \\
\hline
1
\end{array}
$$

$$
\begin{array}{r}
11\,R6 \\
7\overline{)83} \\
-7 \\
\hline
13 \\
-\;7 \\
\hline
6
\end{array}
$$

Comprueba: 17 × 5 = 85.
La respuesta se comprueba.

Comprueba: 18 × 3 = 54.
54 + 1 = 55
La respuesta se comprueba.

Comprueba: 11 × 7 = 77.
77 + 6 = 83
La respuesta se comprueba.

Halla los valores que faltan.

1.

$$
\begin{array}{r}
2\ \square \\
3\overline{)8\ \ 1} \\
-\square \\
\hline
\square\ \ 1 \\
-\square\ \square \\
\hline
0
\end{array}
$$

2.

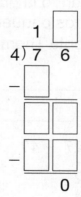

$$
\begin{array}{r}
1\ \square \\
4\overline{)7\ \ 6} \\
-\square \\
\hline
\square\ \square \\
-\square\ \square \\
\hline
0
\end{array}
$$

3. 3)91

4. 4)86

5. 2)75

Dividir números de 2 dígitos por números de 1 dígito

1.

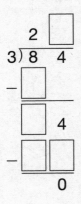

2.

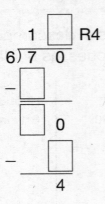

3.

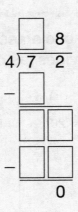

4. 2)72

5. 5)86

6. 7)94

7. 3)39

8. 8)99

9. 5)87

10. 2)96

11. 3)43

La señora Thomas quiere llevar bocaditos para 96 estudiantes de cuarto grado cuando salgan de excursión al acuario. Cada estudiante recibirá 1 bocadito de cada tipo. Usando la gráfica de barras de la derecha, ¿cuántos paquetes de bocaditos necesitará la señorita Thomas?

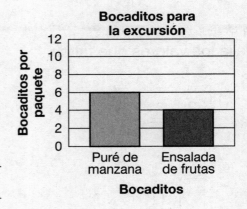

12. Ensalada de frutas _____

13. Puré de manzana _____

14. ¿Cuál es el residuo de 27 ÷ 4?

A 1   **B** 2   **C** 3   **D** 4

15. Escribir para explicar Explica cómo hallar el número de lápices que sobran si Wendy quiere compartir 37 lápices con 9 personas.

_____

_____

Dividir números de 3 dígitos por números de 1 dígito

Al descomponer el problema, puedes hallar cocientes de tres dígitos.

Halla 528 ÷ 4.
Estima 500 ÷ 4 = 125.

```
    132
4)528
  - 4
    12
  - 12
     8
   -  8
      0
```

Comprueba: 132 × 4 = 528
La respuesta se comprueba.

Halla 575 ÷ 5.
Estima 600 ÷ 5 = 120.

```
    115
5)575
  - 5
    7
  - 5
    25
  - 25
     0
```

Comprueba: 115 × 5 = 575
La respuesta se comprueba.

Halla 725 ÷ 3.
Estima 750 ÷ 3 = 250.

```
    241 R2
3)725
  - 6
   12
  - 12
     5
   - 3
     2
```

Comprueba: 241 × 3 = 723
723 + 2 = 725
La respuesta se comprueba.

Halla los valores que faltan.

1.
```
      3  1  5 R ☐
2)6   3  1
 -☐
  ☐
 -   2
     1  1
 -   ☐  0
        ☐
```

2.
```
   ☐ ☐ ☐ R2
6)7 8 8
 - 6
   1 ☐
 - 1 ☐
     ☐
   - 6
     ☐
```

3. 3)462

4. 5)640

5. 9)919

Dividir números de 3 dígitos por números de 1 dígito

En los Ejercicios **1** a **8**, usa bloques de valor de posición como ayuda para dividir.

1. $4\overline{)412}$
2. $6\overline{)936}$
3. $7\overline{)798}$
4. $7\overline{)806}$

5. $3\overline{)420}$
6. $5\overline{)619}$
7. $7\overline{)842}$
8. $8\overline{)856}$

9. En un tren caben 444 personas en filas con 4 asientos. ¿Cuántas filas de 4 asientos hay?_____

10. Una canción tiene 540 compases. Si la canción tiene una duración de 3 minutos, ¿cuántos compases por minuto tendrá la canción?

_____

11. **Geometría** Un círculo tiene 360 grados. Si el círculo se divide por la mitad, ¿cuántos grados medirá cada mitad? _____

12. Harvey tiene 513 estampillas. Coloca la misma cantidad de estampillas en 3 álbumes. ¿Cuántas estampillas hay en cada álbum? _____

13. Zeeshan ha coleccionado 812 autógrafos. Cada autógrafo es de una estrella de beisbol, de una estrella de futbol, de una estrella de cine o de una estrella de rock. Él tiene un número igual de autógrafos de cada grupo. ¿Cuántos autógrafos tiene en cada grupo? _____

14. Nicole tiene 369 bolsitas de té. Hay 3 sabores diferentes de té. ¿Qué información necesitas para hallar cuántas bolsitas de té de cada sabor tiene Nicole?

    A El número de sabores

    B El número de bolsitas de té

    C Si una bolsita de té puede dividirse en cuartos

    D Si hay el mismo número de bolsitas de té de cada sabor

15. Una hormiga tiene 6 patas. Hay 870 patas en la granja de hormigas de José. ¿Cuántas hormigas hay en su granja de hormigas?

    A 14 R5   **B** 145   **C** 864   **D** 5,220

16. **Escribir para explicar** Jeff tiene 242 DVD. Él tiene 2 estantes que pueden almacenar 120 DVD cada uno. ¿Necesita comprar otro estante?

Determinar dónde empezar a dividir

A veces no hay suficientes centenas para poder dividir.
A veces tienes que descomponer las centenas en 10 decenas.

Halla 325 ÷ 5.
Estima 300 ÷ 5 = 60.

Intenta dividir las centenas.	Divide las decenas.	Ahora, divide las unidades.

5)‾325‾	6
	5)‾325‾
	− 30 30 decenas
	  2
		65
		5)‾325‾
		− 30 30 decenas
		  25
		− 25 2 decenas y
		  0 5 unidades,
		       sin residuo

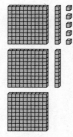

El 3 no puede ser dividido por 5. Las 3 centenas ahora tienen que ser cambiadas a 30 decenas.

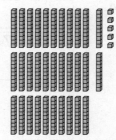

Con 32 decenas, cada una de las 6 decenas puede ir dentro de uno de los 5 grupos.

Cada uno de los cinco grupos tiene 6 decenas y 5 unidades.

Halla los valores que faltan en los problemas de abajo.

1.

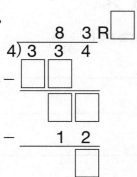

2.

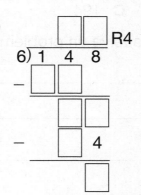

3. 5)‾125‾

4. 8)‾418‾

Determinar dónde empezar a dividir

Completa cada cálculo.

1.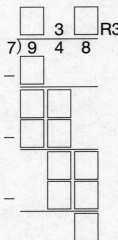

2.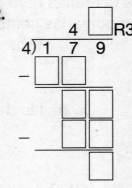

3.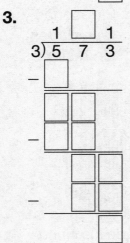

4.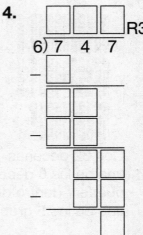

5. 2)587

6. 8)747

7. Gerald distribuye 582 folletos a 3 negocios por semana.
¿Cuántos folletos recibe cada negocio?

A 159 **B** 174 **C** 194 **D** 264

8. Escribir para explicar Escribe y resuelve un problema para 456 ÷ 6.

_____

_____

_____

_____

Dividir números de 4 dígitos por números de 1 dígito

Una estimación te ayudará a decidir dónde colocar el primer dígito del cociente. También te ayudará a comprobar tu respuesta.

Divide 5,493 ÷ 6.

| Primero, haz una estimación. Puedes usar números compatibles para dividir mentalmente.

54 es un múltiplo de 6.

5,400 está cerca de 5,493, y 5,400 ÷ 6 será fácil de dividir.

5,400 ÷ 6 = _____ | Divide para hallar el cociente real.

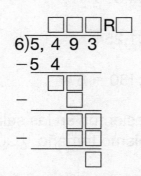 | Compara: ¿Está la estimación cerca del cociente?

estimación: _____

cociente: _____

Si lo está, entonces tu respuesta es razonable. |

Haz una estimación. Luego halla cada cociente. Usa tu estimación para comprobar si tu cociente es razonable.

1. Divide 4,318 ÷ 7.

Haz una estimación:

_____ ÷ _____ = _____

4,318 ÷ 7 = _____

¿Es razonable tu respuesta? _____

2. Divide 4,826 ÷ 5.

Haz una estimación:

_____ ÷ _____ = _____

4,826 ÷ 5 = _____

¿Es razonable tu respuesta? _____

3. Divide 4,377 ÷ 8.

Haz una estimación:

_____ ÷ _____ = _____

4,377 ÷ 8 = _____

¿Es razonable tu respuesta? _____

4. Divide 7,192 ÷ 9.

Haz una estimación:

_____ ÷ _____ = _____

7,192 ÷ 9 = _____

¿Es razonable tu respuesta? _____

Dividir números de 4 dígitos por números de 1 dígito

Haz una estimación. Luego, halla cada cociente. Usa tu estimación para comprobar si tu cociente es razonable.

1. $4\overline{)1{,}227}$ **2.** $5\overline{)2{,}438}$ **3.** $8\overline{)4{,}904}$

4. $7\overline{)2{,}611}$ **5.** $6\overline{)4{,}998}$ **6.** $9\overline{)3{,}834}$

7. $3\overline{)1{,}675}$ **8.** $4\overline{)1{,}254}$

9. $544 \div 8 =$ _____   **10.** $2{,}430 \div 6 =$ _____

11. En el aeropuerto, hay 1,160 asientos en las salas de espera. Hay 8 salas de espera separadas y del mismo tamaño. ¿Cuántos asientos hay en cada sala de espera? _____

12. Una pared en el estacionamiento de la escuela tiene un área de 1,666 pies cuadrados. Siete equipos de estudiantes van a pintar un mural en la pared. Cada equipo pintará un área igual de la pared. ¿Cuántos pies cuadrados pintará cada equipo? _____

13. **Geometría** Connor colocó una valla alrededor del perímetro de su patio rectangular. El perímetro del patio es de 858 pies. Connor colocó un poste de valla cada 6 pies. ¿Cuántos postes de valla usó?

A 142 R4   **B** 143   **C** 143 R2   **D** 153

14. Lily estimó un cociente de 120 y halló un cociente real de 83. ¿Qué debe hacer después? Explícalo.

_____

_____

_____

_____

Resolución de problemas: Problemas de varios pasos

Resuelve problemas paso a paso

Scott y Gina quieren ir al cine después de cenar. Ellos tienen $35. La comida de Scott cuesta $9 y la comida de Gina cuesta $8. Las entradas para el cine cuestan $9 cada una. ¿Tendrán suficiente dinero para pagar 2 entradas de cine después de la cena?

Primer paso
Escribe lo que sabes:
- Ellos tienen $35 para gastar.
- Gastan $9 y $8 en la cena.

Segundo paso
Escribe lo que necesitas saber:
- ¿Cuánto dinero sobró?
- ¿Es suficiente para 2 entradas de cine?

Tercer paso
Desarrolla una estrategia de resolución de problemas:
- Resta $9 y $8 de $35.
  (Pista: En vez de restar de $35, uno a la vez, combínalos y luego resta el resultado de $35).

$$\begin{array}{r} \$\ 9 \\ +\$\ 8 \\ \hline \$17.00 \end{array} \quad \text{entonces,} \quad \begin{array}{r} \$35 \\ -\$17 \\ \hline \$18 \end{array}$$

Cuarto paso
Termina el problema:
- ¿Es $18 suficiente para 2 entradas de cine que cuestan $9 cada una?
  $9 × 2 = $18
  A ellos les sobran $18. Sí, tienen lo suficiente para 2 entradas de cine.

Usa el proceso de paso a paso para resolver los problemas de abajo.

1. Nick y sus amigos están trabajando juntos en un proyecto. Necesitan escribir 29 páginas en total. Si su amiga Kara escribe 14 páginas y su amigo Jared escribe 12 páginas, ¿cuántas páginas le toca escribir a Nick? _____

2. Ashlyn y Brooke fueron a una sala de videojuegos con $18. Compraron 4 botellas de agua que costaron $2 cada una. Cada una compró un libro de calcomanías de $3 cada uno. Ashlyn donó $1 en un frasco para recaudar fondos. Un juego de billar cuesta $3 por juego. ¿Les sobró suficiente dinero para poder jugar? _____

3. **Razonar** Cyndi y Jewel fueron a comprar útiles escolares. Ellas tenían $16 para gastar. Gastaron $4 en lápices, $3 en bolígrafos y $6 en hojas de cuaderno. Cyndi pensó que todavía tenía suficiente dinero para comprar un sacapuntas de $2. ¿Tenía razón?

Resolución de problemas:
Problemas de varios pasos

Escribe y responde a la pregunta o preguntas escondidas. Luego resuelve el problema. Escribe tu respuesta en una oración completa.

Entradas para la feria del pueblo	
Adultos	$5
Estudiantes	$3
Niños	$2

1. Mario y su familia fueron a la feria del pueblo. Compraron 2 entradas para adultos y 3 entradas para niños. ¿Cuál fue el costo total de las entradas para la familia?

   _____

   _____

   _____

   _____

2. Un autobús tiene 12 filas con 1 asiento en cada fila de un lado y 12 filas con 2 asientos del otro lado. ¿Cuántos asientos tiene el autobús en total?

   _____

   _____

   _____

   _____

3. **Escribir para explicar** Escribe un problema acerca de ir a una lavandería que tenga una pregunta escondida. Una carga sencilla cuesta $2 y una carga doble cuesta $4. Resuelve tu problema.

   _____

   _____

   _____

Factores

Cuando multiplicas dos números, sabes que ambos números
son factores del producto.

Ejemplo 1

Halla los factores de 24.

Factores   Producto
↓   ↓

$1 \times 24 = 24$
$2 \times 12 = 24$
$3 \times 8 = 24$
$4 \times 6 = 24$

Factores de 24:
1, 2, 3, 4, 6, 8, 12 y 24

Ejemplo 2

Halla los factores de 16.

¿Qué dos números se multiplican para
obtener 16?

$1 \times 16 = 16$
$2 \times 8 = 16$
$4 \times 4 = 16$
$8 \times 2 = 16$
$16 \times 1 = 16$

Factores de 16: 1, 2, 4, 8 y 16

Haz una lista de todos los factores de cada número.

1. 18

2. 21

3. 11

_____

4. 14

5. 23

6. 33

_____

7. Sentido numérico Irene quiere hacer una lista de todos
los factores del número 42. Ella escribe 2, 3, 6, 7, 14,
21 y 42. ¿Tiene razón? Explícalo.

_____

_____

_____

_____

Nombre _____

Factores

En los Ejercicios **1** a **12**, halla todos los factores de cada número.

1. 54

_____

_____

2. 17

_____

_____

3. 28

_____

_____

4. 31

_____

_____

5. 44

_____

_____

6. 47

_____

_____

7. 77

_____

_____

8. 71

_____

_____

9. 65

_____

_____

10. 23

_____

_____

11. 57

_____

_____

12. 24

_____

_____

13. La madre de Karl compra 60 sorpresas para dar como regalos durante la fiesta de cumpleaños de Karl. ¿Qué número de invitados NO le permitirá dividir las sorpresas equitativamente entre los invitados?

A 12 **B** 15 **C** 20 **D** 25

14. **Escribir para explicar** La señora Fisher tiene 91 relojes exhibidos en su tienda. Dice que puede ordenarlos en filas y columnas sin que sobren relojes. El señor Fisher dice que sólo puede hacer 1 fila con los 91 relojes. ¿Quién tiene razón y por qué?

_____

_____

_____

Números primos y compuestos

Un **número compuesto** es un número entero mayor que 1 que tiene más de dos factores diferentes. El 15 tiene cuatro factores diferentes: 1, 3, 5 y 15; por tanto, 15 es un número compuesto.

Un **número primo** es un número entero mayor que 1 que tiene únicamente dos factores, él mismo y 1. El 17 tiene exactamente dos factores: 1 y 17; por tanto, 17 es un número primo.

Ejemplo 1	**Ejemplo 2**
¿Es 7 un número primo o compuesto?	¿Es 6 un número primo o compuesto?
Halla todos los factores de 7.	Halla todos los factores de 6.
Factores de 7: 1, 7	Factores de 6: 1, 2, 3, 6
1 y 7 se dividen equitativamente en 7.	1, 2, 3 y 6 se dividen equitativamente en 6.
El 7 es un número primo porque tiene únicamente dos factores, él mismo y 1.	El 6 es un número compuesto porque tiene más de dos factores.

Di si el número es primo o compuesto.

1. 5

2. 12

3. 18

_____

4. 15

5. 37

6. 43

_____

Nombre _____

Números primos y compuestos

En los Ejercicios **1** a **16**, escribe si cada número es primo o compuesto.

1. 81

2. 43

3. 572

4. 63

_____

5. 53

6. 87

7. 3

8. 27

_____

9. 88

10. 19

11. 69

12. 79

_____

13. 3,235

14. 1,212

15. 57

16. 17

_____

17. La clase del señor Gerry tiene 19 estudiantes. La clase de la señora Vernon tiene 21 estudiantes y en la clase del señor Singh hay 23 estudiantes. ¿Qué clase tiene un número compuesto de estudiantes?

_____

18. Cada número primo mayor que 10 tiene un dígito en el lugar de las unidades. ¿En cuál de los siguientes grupos de números está incluido ese dígito?

A 1, 3, 7, 9

C 0, 2, 4, 5, 6, 8

B 1, 3, 5, 9

D 1, 3, 7

19. **Escribir para explicar** Marla dice que todos los números en la decena de los noventa son compuestos. Jackie dice que un número en la decena de los noventa es primo. ¿Quién tiene razón? Explica tu respuesta.

_____

_____

_____

Múltiplos

Puedes usar una tabla de multiplicar como ayuda para hallar algunos múltiplos de números.

¿Cuáles son algunos múltiplos de 5?

Paso 1 Halla la columna del 5.

Paso 2 Todos los números de esa columna son múltiplos de 5.

Pista Puedes usar la fila del 5 en lugar de la columna del 5.

En la tabla, los múltiplos de 5 son 5, 10, 15, 20, 25, 30, 35, 40 y 45.

×	1	2	3	4	5	6	7	8	9
1	1	2	3	4	⑤	6	7	8	9
2	2	4	6	8	10	12	14	16	18
3	3	6	9	12	15	18	21	24	27
4	4	8	12	16	20	24	28	32	36
5	5	10	15	20	25	30	35	40	45
6	6	12	18	24	30	36	42	48	54
7	7	14	21	28	35	42	49	56	63
8	8	16	24	32	40	48	56	64	72
9	9	18	27	36	45	54	63	72	81

En los Ejercicios **1** a **8**, escribe cinco múltiplos de cada número.

1. 3

2. 7

3. 9

4. 2

5. 1

6. 8

7. 6

8. 4

En los Ejercicios **9** a **12**, di si el primer número es un múltiplo del segundo número.

9. 18, 3

10. 24, 6

11. 32, 7

12. 12, 4

13. Sentido numérico ¿Qué número tiene 12, 24 y 30 como múltiplos? Explica cómo hallaste tu respuesta.

_____

_____

_____

Nombre _____

Múltiplos

En los Ejercicios **1** a **8**, escribe cinco múltiplos de cada número.

1. 5   **2.** 3   **3.** 7   **4.** 4

5. 9   **6.** 2   **7.** 6   **8.** 8

En los Ejercicios **9** a **16**, di si el primer número es un múltiplo del segundo número.

9. 21, 7   **10.** 28, 3   **11.** 17, 3   **12.** 20, 4

13. 54, 9   **14.** 15, 5   **15.** 26, 4   **16.** 32, 8

17. Encierra en un círculo el número del recuadro que es un múltiplo de 8.

| 10 | 18 | 20 | 24 | 31 | 36 |

18. Sentido numérico Haz una lista de cinco múltiplos de 3 y de cinco múltiplos de 4. Luego, encierra en un círculo los múltiplos comunes.

19. Razonar ¿Qué número tiene factores de 2 y 3 y múltiplos de 12 y 18?

20. ¿Cuáles son cinco múltiplos de 9?

A 9, 19, 29, 39, 49   **B** 9, 18, 27, 36, 45   **C** 1, 3, 9, 18, 27   **D** 1, 9, 18, 27, 36

21. Carmen escribió la lista de múltiplos de 6 como 1, 2, 3 y 6. ¿Tiene razón? Explica por qué.

Práctica 11-3

Fracciones equivalentes

Si dos fracciones nombran la misma cantidad, se llaman **fracciones equivalentes**.

Usa la multiplicación para escribir una fracción equivalente a $\frac{1}{2}$.

Multiplica el numerador y el denominador por el mismo número.

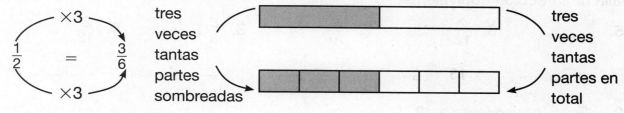

$\frac{1}{2} = \frac{3}{6}$ ×3 / ×3

tres veces tantas partes sombreadas

tres veces tantas partes en total

$\frac{1}{2}$ y $\frac{3}{6}$ son fracciones equivalentes.

Usa la división para escribir una fracción equivalente a $\frac{10}{12}$.

Piensa en un número que sea un factor tanto de 10 como de 12. Dos es un factor de 10 y 12. Divide el numerador y el denominador por 2.

$\frac{10}{12} = \frac{5}{6}$ ÷2 / ÷2 $\frac{10}{12}$ y $\frac{5}{6}$ son fracciones equivalentes.

Halla el número que falta.

1. $\frac{1}{4} \stackrel{\times 2}{=} \frac{\boxed{2}}{8}$ ___   2. $\frac{9}{12} \stackrel{\div 3}{=} \frac{\boxed{3}}{4}$ ___   3. $\frac{2}{3} \stackrel{\times 2}{=} \frac{\boxed{4}}{6}$ ___   4. $\frac{4}{5} \stackrel{\times 2}{=} \frac{\boxed{8}}{10}$ ___

Multiplica para hallar una fracción equivalente.

5. $\frac{1}{4} \stackrel{\times 3}{=} \frac{3}{12}$ 6. $\frac{1}{2} \stackrel{\times 3}{=} \frac{3}{6}$ 7. $\frac{1}{6} \stackrel{\times 3}{=} \frac{3}{18}$ 8. $\frac{3}{4} \stackrel{\times 3}{=} \frac{9}{12}$

Divide para hallar una fracción equivalente.

9. $\frac{8}{12} \stackrel{\div 2}{=} \frac{4}{6}$ 10. $\frac{9}{12} \stackrel{\div 3}{=} \frac{3}{4}$ 11. $\frac{4}{8} \stackrel{\div 2}{=} \frac{2}{4}$ 12. $\frac{2}{6} \stackrel{\div 2}{=} \frac{1}{3}$

13. $\frac{4}{10} \stackrel{\div 2}{=} \frac{2}{5}$ 14. $\frac{5}{10} \stackrel{\div 5}{=} \frac{1}{2}$ 15. $\frac{8}{10} \stackrel{\div 2}{=} \frac{4}{5}$ 16. $\frac{6}{8} \stackrel{\div 2}{=} \frac{3}{4}$

Nombre _____

Fracciones equivalentes

Halla el número que falta.

1. $\dfrac{1}{2} \dfrac{\times 6}{\times 6} = \dfrac{\boxed{6}}{12}$

2. $\dfrac{6}{10} \dfrac{\div 2}{\div 2} = \dfrac{\boxed{3}}{5}$

3. $\dfrac{3}{12} \dfrac{\div 3}{\div 3} = \dfrac{\boxed{1}}{4}$

4. $\dfrac{4}{5} \dfrac{\times 2}{\times 2} = \dfrac{\boxed{8}}{10}$

_____   _____   _____   _____

Halla una fracción equivalente.

5. $\dfrac{1}{2} \dfrac{\times 2}{\times 2} = \dfrac{2}{4}$

6. $\dfrac{2}{12} \dfrac{\times 2}{\times 2} = \dfrac{4}{24}$

7. $\dfrac{6}{10} \dfrac{\div 2}{\div 2} = \dfrac{3}{5}$

8. $\dfrac{6}{8} \dfrac{\div 2}{\div 2} = \dfrac{3}{4}$

9. $\dfrac{8}{12} \dfrac{\div 2}{\div 2} = \dfrac{4}{6}$

$\dfrac{2}{4}$ _____ $\dfrac{4}{24}$ _____ $\dfrac{3}{5}$ _____ $\dfrac{3}{4}$ _____ $\dfrac{4}{6}$ _____

10. ¿Es $\dfrac{2}{14}$ equivalente a $\dfrac{3}{7}$? _____ NO

11. En la colección de botellas antiguas de Mark, $\dfrac{1}{2}$ de las botellas son verde oscuro. Escribe tres fracciones equivalentes a $\dfrac{1}{2}$.

$\dfrac{1}{2} \dfrac{\times 2}{\times 2} \boxed{\dfrac{2}{4}}$ $\dfrac{1}{2} \dfrac{\times 3}{\times 3} \boxed{\dfrac{3}{6}}$ $\dfrac{1}{2} \dfrac{\times 4}{\times 4} \boxed{\dfrac{4}{8}}$

_____

12. Escribe un par de fracciones equivalentes para el dibujo de abajo.

$\dfrac{2}{5}$

_____

13. En el espectáculo aéreo, $\dfrac{1}{3}$ de los aviones eran planeadores.
    ¿Qué fracción es una fracción equivalente de $\dfrac{1}{3}$?

A $\dfrac{4}{6}$ $\dfrac{1}{3}$ B $\dfrac{2}{12}$ $\dfrac{1}{3}$ C $\dfrac{4}{12} \dfrac{\div 4}{\div 4} \dfrac{1}{3}$ D $\dfrac{3}{6}$

14. En la colección de tarjetas de deportes de Missy, $\dfrac{3}{4}$ de las tarjetas son tarjetas de beisbol. En la colección de Frank, $\dfrac{8}{12}$ son tarjetas de beisbol. Frank dice que tienen la misma fracción de tarjetas de beisbol. ¿Tiene razón?

No tiene razon porque $\dfrac{3}{4} > \dfrac{8}{12}$

_____

Rectas numéricas y fracciones equivalentes

Escribe dos fracciones equivalentes que nombren el punto en la recta numérica.

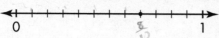

$$\frac{8}{12}$$

Paso 1 Cuenta el número de marcas de 0 a 1.

En esta recta numérica hay 12. Esto te dice que el denominador de una fracción es 12.

Paso 2 Cuenta el número de marcas de 0 al lugar donde está el punto.

Hay 8. Esto te dice que el numerador de la fracción es 8. Sabes que una fracción que nombra ese punto es $\frac{8}{12}$.

Paso 3 12 es un número par, por tanto puede dividirse por 2.

$12 \div 2 = 6$

Si cuentas cada segunda marca de 0 a 1, contarás 6 marcas. El denominador de otra fracción es 6.

Ahora, cuenta cada segunda marca del 0 a la ubicación del punto. Hay 4, por tanto el numerador de la fracción es 4. Una fracción equivalente de $\frac{8}{12}$ es $\frac{4}{6}$.

$\frac{8}{12} = \frac{4}{6}$

Escribe dos fracciones que nombren el punto en la recta numérica.

1.

0   1

$\frac{4}{8} = \frac{2}{4}$

2.

0   1

$\frac{6}{10} = \frac{3}{5}$

3. Hacer un diagrama ¿Son $\frac{3}{8}$ y $\frac{3}{4}$ fracciones equivalentes? Dibuja una recta numérica para mostrar tu respuesta.

NO son equivalentes

0   1

$\frac{3}{8}$ $\frac{4}{}$

Rectas numéricas y fracciones equivalentes

Escribe dos fracciones que nombren el punto en la recta numérica.

1.  _____

2. 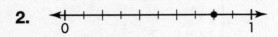 _____

3.  _____

4. 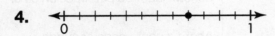 _____

5. Dibuja una recta numérica para mostrar que $\frac{2}{3}$ y $\frac{4}{6}$ son equivalentes.

6. Dibuja una recta numérica para mostrar que $\frac{3}{5}$ y $\frac{6}{10}$ son equivalentes.

7. ¿Cuál de los siguientes pares de fracciones **NO** son equivalentes?

A $\frac{1}{3}, \frac{5}{8}$ **B** $\frac{2}{4}, \frac{4}{8}$ **C** $\frac{3}{5}, \frac{6}{10}$ **D** $\frac{3}{4}, \frac{9}{12}$

8. Escribir para explicar ¿Cuántas fracciones son equivalentes a $\frac{4}{5}$? Explícalo.

_____

_____

_____

_____

Comparar fracciones

Leonor quería comparar $\frac{4}{6}$ y $\frac{3}{4}$. Usó tiras de fracciones como ayuda.

| | | | | $\frac{1}{6}$ | $\frac{1}{6}$ | $\frac{4}{6}$ |
| | | | $\frac{1}{4}$ | | $\frac{3}{4}$ |

Ella comparó las cantidades sombreadas en cada dibujo.
Como la cantidad sombreada en $\frac{3}{4}$ es mayor que la cantidad sombreada en $\frac{4}{6}$, ella supo que $\frac{3}{4}$ es mayor que $\frac{4}{6}$.

Por tanto, $\frac{3}{4} > \frac{4}{6}$.

Escribe $>$ ó $<$ en cada $\bigcirc$. Puedes usar tiras de fracciones como ayuda.

1. $\frac{5}{6} \bigcirc \frac{2}{3}$ **2.** $\frac{1}{5} \bigcirc \frac{2}{8}$ **3.** $\frac{9}{10} \bigcirc \frac{6}{8}$ **4.** $\frac{3}{4} \bigcirc \frac{1}{4}$

5. $\frac{7}{8} \bigcirc \frac{5}{10}$ **6.** $\frac{2}{5} \bigcirc \frac{2}{6}$ **7.** $\frac{1}{3} \bigcirc \frac{3}{8}$ **8.** $\frac{2}{10} \bigcirc \frac{3}{5}$

El mismo número de estudiantes asistió a la escuela toda la semana.

Día	Fracción de los estudiantes que compraron su almuerzo
Lunes	$\frac{1}{2}$
Martes	$\frac{2}{5}$
Miércoles	$\frac{3}{4}$
Jueves	$\frac{5}{8}$
Viernes	$\frac{4}{6}$

9. ¿Cuándo compraron más estudiantes su almuerzo, el martes o el miércoles? _____

10. ¿Cuándo compraron más estudiantes su almuerzo, el jueves o el viernes? _____

Comparar fracciones

Escribe $>$ ó $<$ en cada $\bigcirc$. Puedes usar tiras de fracciones como ayuda.

1. $\frac{1}{2} \bigcirc \frac{3}{10}$ **2.** $\frac{8}{12} \bigcirc \frac{5}{12}$ **3.** $\frac{3}{8} \bigcirc \frac{1}{2}$

4. $\frac{3}{3} \bigcirc \frac{7}{8}$ **5.** $\frac{3}{5} \bigcirc \frac{1}{3}$ **6.** $\frac{1}{4} \bigcirc \frac{2}{4}$

7. $\frac{5}{6} \bigcirc \frac{5}{8}$ **8.** $\frac{7}{12} \bigcirc \frac{4}{5}$ **9.** $\frac{3}{10} \bigcirc \frac{6}{10}$

10. **Sentido numérico** Explica cómo puedes determinar que $\frac{21}{30}$ es mayor que $\frac{2}{3}$.

_____

_____

_____

11. Tina completó $\frac{2}{3}$ de su tarea.
George completó $\frac{7}{8}$ de su tarea.
¿Quién completó una fracción mayor de su tarea? _____

12. Jackson jugó un videojuego por $\frac{1}{6}$ de hora.
Hailey jugó un videojuego por $\frac{1}{3}$ de hora.
¿Quién jugó el videojuego por más tiempo? _____

13. ¿Qué fracción es mayor que $\frac{3}{4}$?

A $\frac{1}{2}$ **B** $\frac{2}{5}$ **C** $\frac{5}{8}$ **D** $\frac{7}{8}$

14. **Escribir para explicar** James dice que $\frac{5}{5}$ es mayor que $\frac{9}{10}$.
¿Tiene razón? Explícalo.

_____

_____

_____

Ordenar fracciones

¿Cómo puedes ordenar fracciones?

Ordena $\frac{2}{3}$, $\frac{1}{6}$, $\frac{7}{12}$ de menor a mayor.

$\frac{1}{3}$				$\frac{1}{3}$				$\frac{1}{3}$			
$\frac{1}{6}$		$\frac{1}{6}$		$\frac{1}{6}$		$\frac{1}{6}$		$\frac{1}{6}$		$\frac{1}{6}$	
$\frac{1}{12}$	$\frac{1}{12}$	$\frac{1}{12}$	$\frac{1}{12}$	$\frac{1}{12}$	$\frac{1}{12}$	$\frac{1}{12}$	$\frac{1}{12}$	$\frac{1}{12}$	$\frac{1}{12}$	$\frac{1}{12}$	$\frac{1}{12}$

Halla fracciones equivalentes con un común denominador.

| $\frac{1}{12}$ | $\frac{1}{12}$ | $\frac{1}{12}$ | $\frac{1}{12}$ | $\frac{1}{12}$ | $\frac{1}{12}$ | $\frac{1}{12}$ | $\frac{1}{12}$ |

| $\frac{1}{12}$ | $\frac{1}{12}$ |

| $\frac{1}{12}$ | $\frac{1}{12}$ | $\frac{1}{12}$ | $\frac{1}{12}$ | $\frac{1}{12}$ | $\frac{1}{12}$ | $\frac{1}{12}$ |

Compara los numeradores.
Ordena las fracciones de menor a mayor.
$\frac{2}{12} < \frac{7}{12} < \frac{8}{12}$.

Ordena las fracciones de menor a mayor.

1. $\frac{3}{10}$, $\frac{3}{6}$, $\frac{2}{5}$

$\frac{1}{10}$	$\frac{1}{10}$	$\frac{1}{10}$
$\frac{1}{5}$		$\frac{1}{5}$
$\frac{1}{6}$	$\frac{1}{6}$	$\frac{1}{6}$

2. $\frac{3}{8}$, $\frac{1}{3}$, $\frac{3}{12}$

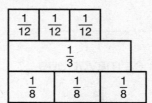

Halla fracciones equivalentes con un común denominador y ordénalas de menor a mayor.

3. $\frac{1}{2}$, $\frac{3}{4}$, $\frac{4}{6}$ _____

4. $\frac{3}{4}$, $\frac{2}{3}$, $\frac{7}{8}$ _____

5. $\frac{3}{10}$, $\frac{1}{2}$, $\frac{4}{5}$ _____

6. $\frac{1}{2}$, $\frac{3}{10}$, $\frac{3}{5}$ _____

7. $\frac{2}{3}$, $\frac{5}{6}$, $\frac{1}{2}$ _____

8. $\frac{5}{8}$, $\frac{3}{4}$, $\frac{3}{8}$ _____

Ordenar fracciones

Ordena las fracciones de menor a mayor.

1. $\frac{3}{5}, \frac{7}{8}, \frac{5}{6}$

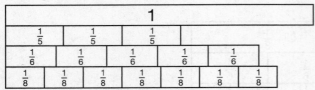

2. $\frac{1}{2}, \frac{7}{12}, \frac{4}{10}$

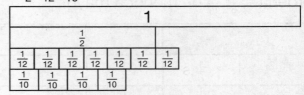

3. $\frac{2}{6}, \frac{1}{4}, \frac{5}{12}$

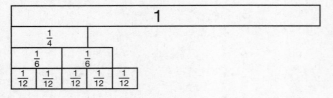

4. $\frac{3}{10}, \frac{2}{5}, \frac{1}{3}$

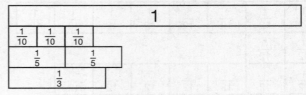

Halla fracciones equivalentes con un común denominador y
ordénalas de menor a mayor.

5. $\frac{2}{3}, \frac{1}{2}, \frac{5}{12}$ _____

6. $\frac{1}{6}, \frac{1}{3}, \frac{3}{4}$ _____

7. $\frac{5}{6}, \frac{2}{3}, \frac{3}{4}$ _____

8. $\frac{7}{12}, \frac{2}{6}, \frac{1}{4}$ _____

9. $\frac{4}{5}, \frac{3}{10}, \frac{1}{2}$ _____

10. $\frac{9}{12}, \frac{1}{3}, \frac{3}{6}$ _____

11. ¿Qué fracción es mayor que $\frac{2}{3}$?

A $\frac{1}{12}$ **B** $\frac{2}{6}$ **C** $\frac{5}{12}$ **D** $\frac{6}{8}$

12. **Escribir para explicar** Explica cómo sabes que $\frac{7}{12}$ es mayor
que $\frac{1}{3}$ pero menor que $\frac{2}{3}$.

_____

_____

_____

_____

Resolución de problemas: Escribir para explicar

Resuelve problemas paso a paso

Gina y su hermano Daniel hicieron pasta casera con su mamá. Gina hizo $\frac{1}{4}$ de una bandeja de pasta. Daniel hizo $\frac{3}{8}$ de bandeja. ¿Quién hizo más pasta?

Escribir para explicar

- Escribe tu explicación en pasos para hacerla más clara.

- Di lo que los números significan en tu explicación.

- Di por qué realizaste ciertos pasos.

Ejemplo

- Como $\frac{1}{4}$ y $\frac{3}{8}$ tienen denominadores diferentes, multipliqué el numerador y el denominador de $\frac{1}{4}$ por 2 para obtener $\frac{2}{8}$.

- Luego pude comparar los numeradores de $\frac{2}{8}$ y $\frac{3}{8}$. Dado que $\frac{3}{8}$ es mayor que $\frac{2}{8}$ supe que Daniel hizo más pasta.

1. Rick tiene una colección de 6 videojuegos. Le presta a su amigo $\frac{2}{6}$ de su colección de videojuegos. Escribe dos fracciones equivalentes a este número. Explica cómo hallaste las fracciones.

_____

_____

_____

_____

_____

_____

Resolución de problemas:
Escribir para explicar

1. Mary tiene 12 canicas. $\frac{3}{12}$ de las canicas son amarillas y $\frac{2}{12}$ de las canicas son azules. El resto de las canicas son verdes. ¿Cuántas canicas son verdes? Explica cómo lo sabes.

_____

_____

_____

_____

2. Adam quiere comparar las fracciones $\frac{3}{12}$, $\frac{1}{6}$ y $\frac{1}{3}$. Quiere ordenarlas de menor a mayor y volverlas a escribir de tal forma que todas tengan el mismo denominador. Explica cómo puede Adam volver a escribir las fracciones.

_____

_____

_____

_____

3. Adam usó las tres fracciones para hacer una gráfica circular y coloreó cada una con un color diferente. ¿Qué fracción de la gráfica no está coloreada? Explícalo.

_____

_____

_____

Representar la suma de fracciones

Ocho amigos quieren ver una película. Cuatro de ellos quieren ver una comedia. Dos quieren ver una película de acción y dos quieren ver una película de ciencia ficción. ¿Qué fracción del grupo quiere ver una comedia o una película de ciencia ficción?

Puedes usar un modelo para sumar fracciones.

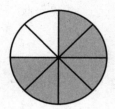

Mira el círculo. Está dividido en octavos, porque hay ocho personas en el grupo. Cada persona representa $\frac{1}{8}$ del grupo. Cuatro personas quieren ver una comedia. Sombrea cuatro de las secciones para representar $\frac{4}{8}$. Dos personas quieren ver una película de ciencia ficción. Sombrea dos secciones más para representar $\frac{2}{8}$. Cuenta el número de secciones sombreadas. Hay seis. Por tanto, $\frac{6}{8}$ del grupo quiere ver una comedia o una película de ciencia ficción.

$\frac{4}{8} + \frac{2}{8} = \frac{6}{8}$ Escribe la suma en su mínima expresión. $\frac{6 \div 2}{8 \div 2} = \frac{3}{4}$

Halla cada total. Simplifica si es posible.

1. $\frac{2}{5} + \frac{1}{5}$ _____

2. $\frac{4}{6} + \frac{1}{6}$ _____

3. $\frac{3}{8} + \frac{3}{8}$ _____

4. $\frac{1}{6} + \frac{1}{6}$ _____

5. $\frac{2}{5} + \frac{3}{5}$ _____

6. $\frac{2}{10} + \frac{3}{10}$ _____

7. $\frac{5}{8} + \frac{3}{8}$ _____

8. $\frac{3}{10} + \frac{1}{10}$ _____

9. $\frac{3}{4} + \frac{1}{4}$ _____

10. $\frac{5}{10} + \frac{4}{10}$ _____

11. $\frac{1}{6} + \frac{1}{6} + \frac{1}{6}$ _____

12. $\frac{1}{12} + \frac{5}{12} + \frac{2}{12}$ _____

13. **Sentido numérico** Podemos expresar el tiempo como una fracción de hora. Por ejemplo, 15 minutos es $\frac{1}{4}$ de hora. 30 minutos es $\frac{1}{2}$ hora. ¿Qué fracción de una hora es 45 minutos? _____

Representar la suma
de fracciones

Halla cada total. Simplifica si es posible. Puedes usar tiras de fracciones.

1. $\frac{1}{4} + \frac{1}{4}$ _____

2. $\frac{2}{5} + \frac{1}{5}$ _____

3. $\frac{3}{12} + \frac{1}{12}$ _____

4. $\frac{2}{6} + \frac{3}{6}$ _____

5. $\frac{1}{2} + \frac{2}{2}$ _____

6. $\frac{2}{8} + \frac{5}{8}$ _____

7. $\frac{3}{8} + \frac{3}{8}$ _____

8. $\frac{3}{10} + \frac{2}{10}$ _____

9. $\frac{1}{6} + \frac{2}{6}$ _____

10. **Hacer un dibujo** Un jardín rectangular está dividido en 10 partes iguales.
    Haz un dibujo que muestre $\frac{3}{10} + \frac{3}{10} = \frac{6}{10}$ ó $\frac{3}{5}$.

11. Todos los días, Steven caminó $\frac{1}{12}$ de milla más que el día anterior.
    El primer día caminó $\frac{1}{12}$, el segundo día caminó $\frac{2}{12}$ de milla,
    el tercer día caminó $\frac{3}{12}$ de milla. ¿En qué día la suma de sus
    caminatas dieron como total por lo menos 1 milla completa?

    _____

12. **Álgebra** Halla el valor que falta en la ecuación.

    $\frac{3}{12} + \frac{1}{12} + \frac{?}{12} = \frac{1}{2}$

    A 1   **B** 2   **C** 3   **D** 4

13. Hay cinco personas sentadas a la mesa de la cena.
    Cada persona tiene $\frac{2}{10}$ de pastel en su plato. ¿Cuánto
    pastel sobra? Explícalo.

    _____

    _____

    _____

Sumar fracciones con el mismo denominador

Cuando sumas fracciones con el mismo denominador, sumas los numeradores y dejas el mismo denominador.

Halla el total de $\frac{3}{8} + \frac{1}{8}$

Suma los numeradores. $3 + 1 = 4$

Deja los denominadores igual. $\frac{3}{8} + \frac{1}{8} = \frac{4}{8}$

¿Está expresada esta fracción en su mínima expresión?

Recuerda: una fracción está en su mínima expresión cuando el máximo común divisor (M.C.D.) del numerador y denominador es 1.

$\frac{4 \div 4}{8 \div 4} = \frac{1}{2}$ $\frac{1}{2}$ está en su mínima expresión, porque el M.C.D. de 1 y 2 es 1.

Halla cada total. Simplifica si es posible.

1. $\frac{1}{3} + \frac{1}{3}$ _____

2. $\frac{3}{10} + \frac{6}{10}$ _____

3. $\frac{5}{12} + \frac{2}{12}$ _____

4. $\frac{3}{12} + \frac{7}{12}$ _____

5. $\frac{5}{10} + \frac{3}{10}$ _____

6. $\frac{2}{8} + \frac{4}{8}$ _____

7. $\frac{7}{10} + \frac{3}{10}$ _____

8. $\frac{1}{8} + \frac{6}{8}$ _____

9. $\frac{1}{10} + \frac{5}{10}$ _____

10. $\frac{1}{5} + \frac{2}{5} + \frac{2}{5}$ _____

11. $\frac{2}{8} + \frac{1}{8} + \frac{4}{8}$ _____

12. $\frac{2}{6} + \frac{1}{6}$ _____

13. **Razonar** Había 10 bolos parados antes de que le tocara su turno a Jared. En su primer intento, derribó 5 bolos. En su segundo intento, derribó 3 bolos. ¿Qué fracción de bolos derribó Jared en sus dos intentos? _____

Nombre _____

Sumar fracciones con el mismo denominador

Halla cada total. Simplifica si es posible.

1. $\frac{2}{5} + \frac{2}{5}$ _____

2. $\frac{4}{10} + \frac{5}{10}$ _____

3. $\frac{3}{8} + \frac{1}{8}$ _____

4. $\frac{3}{6} + \frac{2}{6}$ _____

5. $\frac{2}{10} + \frac{7}{10}$ _____

6. $\frac{5}{8} + \frac{2}{8}$ _____

7. $\frac{1}{6} + \frac{2}{6}$ _____

8. $\frac{9}{12} + \frac{2}{12}$ _____

9. $\frac{4}{12} + \frac{6}{12}$ _____

10. $\frac{2}{12} + \frac{9}{12}$ _____

11. $\frac{1}{8} + \frac{3}{8} + \frac{2}{8}$ _____

12. $\frac{2}{10} + \frac{1}{10} + \frac{5}{10}$ _____

13. $\frac{4}{12} + \frac{2}{12} + \frac{1}{12}$ _____

14. $\frac{2}{5} + \frac{1}{5} + \frac{1}{5}$ _____

15. **Geometría** Un lado de un triángulo equilátero tiene $\frac{2}{8}$ cm de largo. Haz un dibujo que muestre el triángulo. ¿Cuál es el perímetro del triángulo? _____

16. De los juegos de computadora que tiene Lynne, $\frac{5}{12}$ son juegos de deportes y $\frac{3}{13}$ son educativos. ¿Qué fracción de los juegos son ya sea deportivos o educativos?

A $\frac{4}{12}$　　　B $\frac{1}{2}$　　　C $\frac{2}{3}$　　　D $\frac{3}{4}$

17. Rob y Nancy están trabajando en un proyecto. Rob completa $\frac{1}{8}$ el lunes y $\frac{3}{8}$ el martes. Nancy completa $\frac{2}{8}$ el miércoles y $\frac{1}{8}$ el jueves. ¿Está completo el proyecto? Explícalo.

_____

_____

Representar la resta de fracciones

Karla hizo una pizza y la cortó en 10 porciones. Se comió dos porciones. ¿Qué fracción de la pizza sobra?

Puedes usar un modelo para restar fracciones.

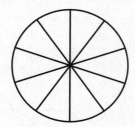

La pizza de Karla está dividida en 10 porciones. Una manera de mostrar esto es $\frac{10}{10} = 1$ pizza entera. Karla se comió dos porciones de la pizza. Tacha dos de las porciones. Cuenta el número de porciones que sobran. Sobran 8 porciones u $\frac{8}{10}$ de la pizza.

$$\frac{10}{10} - \frac{2}{10} = \frac{8}{10}$$

Escribe la respuesta en su mínima expresión, si es posible.

$$\frac{8 \div 2}{10 \div 2} = \frac{4}{5}$$

Usa tiras de fracciones o modelos para restar. Simplifica si es posible.

1. $\frac{5}{5} - \frac{2}{5} =$ _____

2. $\frac{7}{10} - \frac{3}{10} =$ _____

3. $\frac{3}{4} - \frac{2}{4} =$ _____

4. $\frac{8}{10} - \frac{5}{10} =$ _____

5. $\frac{6}{6} - \frac{3}{6} =$ _____

6. $\frac{11}{12} - \frac{7}{12} =$ _____

7. $\frac{5}{6} - \frac{2}{6} =$ _____

8. $\frac{4}{8} - \frac{2}{8} =$ _____

9. $\frac{11}{12} - \frac{8}{12} =$ _____

10. $\frac{7}{12} - \frac{5}{12} =$ _____

11. $\frac{6}{10} - \frac{4}{10} =$ _____

12. $\frac{9}{12} - \frac{6}{12} =$ _____

13. **Álgebra** Halla x.

$$x - \frac{1}{6} = \frac{1}{6}$$ _____

Representar la resta de fracciones

Usa tiras de fracciones para restar. Simplifica si es posible.

1. $\frac{11}{12} - \frac{5}{12}$ _____

2. $\frac{6}{12} - \frac{4}{12}$ _____

3. $\frac{1}{2} - \frac{1}{2}$ _____

4. $\frac{4}{6} - \frac{1}{6}$ _____

5. $\frac{5}{6} - \frac{4}{6}$ _____

6. $\frac{9}{10} - \frac{3}{10}$ _____

7. $\frac{5}{8} - \frac{2}{8}$ _____

8. $\frac{7}{8} - \frac{5}{8}$ _____

9. $\frac{3}{4} - \frac{2}{4}$ _____

10. $\frac{3}{5} - \frac{2}{5}$ _____

11. $\frac{2}{5} - \frac{1}{5}$ _____

12. $\frac{9}{12} - \frac{1}{12}$ _____

13. **Álgebra** Evalúa $\frac{5}{8} - ? = \frac{3}{8}$. _____

14. **Hacer un diagrama** A Harriet le sobra $\frac{3}{4}$ de su tanque de gasolina en su carro. Si necesita $\frac{1}{4}$ de tanque para ir a la casa de su amiga y otro $\frac{1}{4}$ de tanque para regresar a casa, ¿tiene suficiente gasolina? Haz un diagrama y explica tu respuesta.

_____

_____

15. Alicia tenía $\frac{10}{12}$ de yarda de tela. Usó $\frac{8}{12}$ para una almohada. ¿Cuánta tela le sobró? Explica cómo hallaste tu respuesta.

_____

_____

Restar fracciones con el mismo denominador

Cuando restas con dos fracciones que tienen el mismo denominador, la diferencia también tiene el mismo denominador.

Halla $\frac{7}{8} - \frac{5}{8}$.

Paso 1:

Resta los numeradores.

$7 - 5 = 2$

Paso 2:

Escribe la diferencia arriba del mismo denominador.

$\frac{7}{8} - \frac{5}{8} = \frac{2}{8}$

Paso 3:

Simplifica la respuesta si es posible.

$\frac{2}{8} = \frac{1}{4}$

Por tanto, $\frac{7}{8} - \frac{5}{8} = \frac{1}{4}$.

Resta las fracciones. Simplifica si es posible.

1. $\frac{4}{5} - \frac{3}{5}$ _____

2. $\frac{8}{12} - \frac{3}{12}$ _____

3. $\frac{3}{6} - \frac{1}{6}$ _____

4. $\frac{9}{10} - \frac{3}{10}$ _____

5. $\frac{11}{12} - \frac{5}{12}$ _____

6. $\frac{5}{6} - \frac{1}{6}$ _____

7. $\frac{97}{100} - \frac{40}{100}$ _____

8. $\frac{5}{8} - \frac{1}{8}$ _____

9. $\frac{7}{10} - \frac{2}{10} - \frac{1}{10}$ _____

10. $\frac{7}{12} - \frac{4}{12}$ _____

11. $\frac{3}{4} - \frac{1}{4} - \frac{2}{4}$ _____

12. $\frac{8}{8} - \frac{1}{8}$ _____

13. **Razonar** Durante la práctica de tiro de arco y flecha, Manny dio en el blanco 7 veces de 10 intentos. ¿Qué fracción de sus flechas NO dieron en el blanco?

_____

Restar fracciones con el mismo denominador

En los Ejercicios **1** a **12,** halla cada diferencia. Simplifica si es posible.

1. $\frac{4}{5} - \frac{1}{5}$ _____

2. $\frac{9}{10} - \frac{5}{10}$ _____

3. $\frac{5}{8} - \frac{2}{8}$ _____

4. $\frac{6}{8} - \frac{2}{8}$ _____

5. $\frac{9}{10} - \frac{8}{10}$ _____

6. $\frac{9}{12} - \frac{5}{12}$ _____

7. $\frac{5}{6} - \frac{3}{6}$ _____

8. $\frac{3}{4} - \frac{1}{4}$ _____

9. $\frac{6}{8} - \frac{4}{8}$ _____

10. $\frac{7}{12} - \frac{3}{12}$ _____

11. $\frac{10}{12} - \frac{6}{12}$ _____

12. $\frac{4}{6} - \frac{4}{6}$ _____

13. Geometría El área del rectángulo *A* es $\frac{11}{12}$ de metro cuadrado. El área del rectángulo *B* es $\frac{8}{12}$ de metro cuadrado. ¿Cuánto más grande es el rectángulo *A*? _____

14. Joan contó que $\frac{2}{10}$ de sus caramelos eran rojos. Dean contó que $\frac{6}{10}$ de sus caramelos eran rojos. ¿Cuánto más grande era la fracción de caramelos rojos de Dean? _____

15. Pensar en el proceso En los fines de semana, Paul trota $\frac{9}{10}$ de milla. Entre semana, Paul trota $\frac{5}{10}$ de milla. ¿Qué expresión muestra cuántas millas más trota Paul en los fines de semana que entre semana?

A $\frac{9}{10} + \frac{5}{10}$
  B $\frac{9}{10} - \frac{5}{10}$
  C $\frac{5}{10} + \frac{9}{10}$
  D $\frac{5}{10} - \frac{9}{10}$

16. En una clase, $\frac{2}{12}$ de los estudiantes juegan beisbol, $\frac{4}{12}$ juegan futbol, $\frac{1}{12}$ está en el coro y el resto participa en programas de voluntarios. ¿Qué fracción de los estudiantes participa en programas de voluntarios? Explica tu respuesta.

_____

_____

_____

_____

Sumar y restar en la recta numérica

Bernadette tiene $\frac{7}{8}$ de yarda de cinta. Corta $\frac{3}{8}$ de yarda para hacer un collar para su perro. ¿Cuánta cinta le sobra a Bernadette?

Puedes usar una recta numérica como ayuda para restar fracciones.

Dibuja una recta numérica para representar la cinta. Divide la recta numérica en octavos. Coloca un punto en $\frac{7}{8}$ para mostrar la longitud de la cinta antes de ser cortada. Dibuja una flecha a $\frac{3}{8}$ de una unidad a la izquierda para mostrar cuánto de la cinta cortó Bernadette.

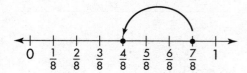

$\frac{7}{8} - \frac{3}{8} = \frac{4}{8}$ Simplifica: $\frac{4}{8} = \frac{1}{2}$ Sobra $\frac{1}{2}$ yarda de cinta.

También puedes usar una recta numérica como ayuda para sumar fracciones.

Kevin y Duane están reciclando latas de aluminio. Cada niño ha recolectado $\frac{4}{10}$ de libra. ¿Cuántas libras han recolectado en total?

Divide esta recta numérica en décimos. Empieza en cero y dibuja una flecha hacia y coloca un punto en $\frac{4}{10}$ para mostrar la cantidad de aluminio que recolectó Kevin. Ahora, dibuja otra flecha $\frac{4}{10}$ de unidad de largo para mostrar la cantidad de Duane.

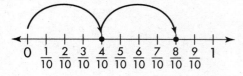

$\frac{4}{10} + \frac{4}{10} = \frac{8}{10}$ Simplifica: $\frac{8}{10} = \frac{4}{5}$ Los niños recolectaron $\frac{4}{5}$ de libra de aluminio.

Suma o resta las fracciones. Puedes usar una recta numérica. Simplifica tu respuesta, si es posible.

1. $\frac{2}{5} + \frac{1}{5} =$ _____

2. $\frac{8}{12} - \frac{3}{12} =$ _____

3. $\frac{5}{10} - \frac{3}{10} =$ _____

4. $\frac{2}{6} + \frac{1}{6} =$ _____

5. $\frac{29}{100} - \frac{4}{100} =$ _____

6. $\frac{1}{8} + \frac{2}{8} + \frac{3}{8} =$ _____

Sumar y restar en la recta numérica

Escribe la ecuación representada en cada
recta numérica.

1.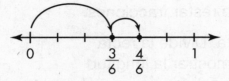
   0    $\frac{3}{6}$ $\frac{4}{6}$ 1

   _____

2.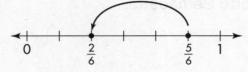
   0    $\frac{2}{6}$ $\frac{5}{6}$ 1

   _____

Dibuja una recta numérica para resolver. Simplifica si es posible.

3. $\frac{3}{8} + \frac{2}{8}$ _____

4. $\frac{9}{12} - \frac{3}{12}$ _____

5. **Hacer un diagrama** Ann está cultivando dos plantas diferentes para un
   proyecto de ciencias. La Planta A creció $\frac{4}{12}$ de pulgada la primera semana
   y $\frac{2}{12}$ de pulgada la segunda semana. La Planta B creció $\frac{7}{12}$ de pulgada
   la primera semana y después ya no creció. Muestra las alturas de cada
   planta en una recta numérica diferente. ¿Qué planta es más alta ahora?

   _____

6. ¿Qué ecuación está representada
   en la recta numérica de abajo?

   0    $\frac{1}{4}$ $\frac{2}{4}$ $\frac{3}{4}$ 1

   A $\frac{1}{4} + \frac{2}{4} = \frac{3}{4}$ B $\frac{1}{4} + \frac{3}{4} = \frac{4}{4}$ C $\frac{1}{4} + \frac{1}{4} = \frac{2}{4}$ D $\frac{1}{3} + \frac{1}{3} = \frac{2}{3}$

7. Dave preparó un refresco de frutas para su fiesta pero se
   tropezó y tiró accidentalmente $\frac{5}{12}$ del refresco. ¿Cuánto
   refresco le quedó? Explica cómo hallaste la respuesta.

   _____

Fracciones impropias y números mixtos

Puedes usar tiras de fracciones para escribir un número mixto como una fracción impropia.

$3\frac{1}{2}$ del modelo de abajo está sombreado.

$\frac{1}{2}$	$\frac{1}{2}$
$\frac{1}{2}$	$\frac{1}{2}$
$\frac{1}{2}$	$\frac{1}{2}$
$\frac{1}{2}$	$\frac{1}{2}$

¿En cuántas partes está dividida cada tira? 2. Este es tu denominador.

Cuenta las mitades sombreadas. Hay 7. Este es tu numerador.

$3\frac{1}{2}$ es lo mismo que la fracción impropia $\frac{7}{2}$.

Puedes usar tiras de fracciones para escribir una fracción impropia como un número mixto.

$\frac{8}{3}$ del modelo de abajo está sombreado.

$\frac{1}{3}$	$\frac{1}{3}$	$\frac{1}{3}$
$\frac{1}{3}$	$\frac{1}{3}$	$\frac{1}{3}$
$\frac{1}{3}$	$\frac{1}{3}$	$\frac{1}{3}$

¿Cuántas tiras están completamente sombreadas? 2. Este es tu número entero.

¿Qué fracción de la tercera tira está sombreada? $\frac{2}{3}$. Esta es tu fracción.

$\frac{8}{3}$ es lo mismo que el número mixto $2\frac{2}{3}$.

Escribe cada número mixto como una fracción impropia.

1. $2\frac{1}{3}$ _____

2. $4\frac{1}{5}$ _____

3. $2\frac{3}{4}$ _____

4. $5\frac{2}{6}$ _____

Escribe cada fracción impropia como un número mixto o un número entero.

5. $\frac{13}{12}$ _____

6. $\frac{50}{10}$ _____

7. $\frac{23}{10}$ _____

8. $\frac{17}{8}$ _____

9. Escribir para explicar ¿Es $\frac{45}{5}$ igual a un número entero o a un número mixto? Explica cómo lo sabes.

_____

_____

_____

Fracciones impropias y números mixtos

Escribe cada número mixto como una fracción impropia.

1. $3\frac{2}{5}$ _____ **2.** $6\frac{1}{4}$ _____ **3.** $2\frac{1}{12}$ _____ **4.** $2\frac{7}{10}$ _____

Escribe cada fracción impropia como un número mixto o un número entero.

5. $\frac{12}{5}$ _____ **6.** $\frac{24}{3}$ _____ **7.** $\frac{32}{3}$ _____ **8.** $\frac{20}{12}$ _____

9. Sentido numérico Matt tenía que escribir $3\frac{4}{12}$ como fracción impropia. Escribe cómo le dirías a Matt la manera más fácil de hacerlo.

_____

_____

_____

10. Jill tiene $\frac{11}{8}$ onzas de mezcla de nueces y frutas secas. Escribe el peso de la mezcla de Jill como número mixto.   _____

11. Nick tenía $1\frac{3}{4}$ galones de leche. Escribe la cantidad de leche que tiene Nick como fracción impropia.   _____

12. ¿Qué opción **NO** es una fracción impropia igual a 8?

A $\frac{24}{3}$ **B** $\frac{42}{6}$ **C** $\frac{32}{4}$ **D** $\frac{64}{8}$

13. Escribir para explicar Escribe tres fracciones impropias diferentes que sean igual a $4\frac{1}{2}$. (Pista: halla fracciones equivalentes).

_____

_____

Representar la suma y la resta de números mixtos

Ejemplo 1: Dibuja un modelo para sumar $1\frac{7}{8} + 2\frac{3}{8}$.

Paso 1 Representa cada número mixto usando tiras de fracciones.

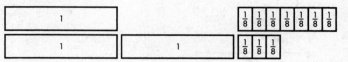

Paso 2 Suma las fracciones. Reagrupa si puedes.

$$\begin{array}{r} \frac{7}{8} \\ + \frac{3}{8} \\ \hline \frac{10}{8} = 1\frac{2}{8} \end{array}$$

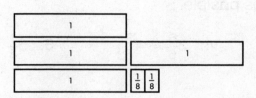

$\frac{8}{8} = 1$

sobran $\frac{2}{8}$

Paso 3 Suma los números enteros con las fracciones reagrupadas. Escribe la suma. Simplifica si es posible.

Por tanto, $1\frac{7}{8} + 2\frac{3}{8} = 4\frac{1}{4}$.

Ejemplo 2: Dibuja un modelo para restar $2\frac{1}{5} - 1\frac{2}{5}$.

Paso 1 Representa el número del que estás restando, $2\frac{1}{5}$.

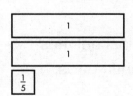

Paso 2 Convierte $2\frac{1}{5}$ en $1\frac{6}{5}$. Tacha un entero y $\frac{2}{5}$ para mostrar la resta de $1\frac{2}{5}$.

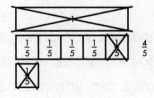

$\frac{4}{5}$

Expresa la parte del modelo que no está tachada como una fracción o número mixto. Por tanto, $2\frac{1}{5} - 1\frac{2}{5} = \frac{4}{5}$.

Usa tiras de fracciones para hallar cada suma o diferencia. Simplifica si es posible.

1. $3\frac{1}{2} + 1\frac{1}{2}$ **2.** $2\frac{5}{8} + 4\frac{3}{8}$ **3.** $5\frac{2}{6} + 3\frac{5}{6}$ **4.** $2\frac{2}{4} + 6\frac{3}{4}$

5. $6\frac{1}{8} - 3\frac{5}{8}$ **6.** $8\frac{3}{12} - 2\frac{5}{12}$ **7.** $12\frac{1}{3} - 5\frac{2}{3}$ **8.** $9\frac{7}{10} - 6\frac{9}{10}$

Nombre _____

Representar la suma y la resta de números mixtos

En los Ejercicios **1** y **2**, usa cada modelo para hallar la suma o diferencia.

1. $1\frac{3}{8} + 1\frac{7}{8}$

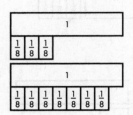

2. $3\frac{1}{5} - 1\frac{4}{5}$

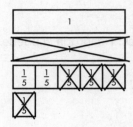

Usa tiras de fracciones para hallar cada suma o diferencia.
Simplifica si es posible.

3. $2\frac{1}{3} + 1\frac{2}{3}$

4. $3\frac{5}{6} + 4\frac{3}{6}$

5. $5\frac{1}{4} - 1\frac{2}{4}$

6. $12\frac{3}{8} - 2\frac{5}{8}$

7. $8\frac{1}{6} - 3\frac{5}{6}$

8. $4\frac{6}{10} + 5\frac{7}{10}$

9. $7\frac{1}{3} - 4\frac{2}{3}$

10. $6\frac{2}{5} + 3\frac{4}{5}$

11. $1\frac{1}{6} + 3\frac{5}{6}$

12. $2\frac{4}{8} + 6\frac{7}{8}$

13. $6\frac{3}{5} - 4\frac{3}{5}$

14. $5\frac{1}{3} - 4\frac{2}{3}$

15. El pluviómetro de Jerome mostró $13\frac{9}{10}$ centímetros (cm) al final del mes pasado. Al final de este mes, el pluviómetro mostró $15\frac{3}{10}$ centímetros. ¿Cuántos centímetros más de lluvia cayeron este mes?

A $29\frac{2}{10}$ cm   **B** $15\frac{3}{10}$ cm   **C** $2\frac{4}{10}$ cm   **D** $1\frac{4}{10}$ cm

16. Estás sumando $3\frac{2}{3} + 2\frac{2}{3}$ usando tiras de fracciones. Explica cómo convertiste la parte fraccionaria del problema.

_____

_____

Sumar números mixtos

Randy habla por teléfono durante $2\frac{5}{6}$ horas, y luego navega por la Internet por $3\frac{3}{4}$ horas. ¿Cuántas horas dedica a las dos actividades?

Paso 1. Escribe fracciones equivalentes con el mínimo común denominador. Puedes usar tiras de fracciones para mostrar las fracciones equivalentes.

$$3\frac{3}{4} = 3\frac{9}{12}$$

1	1	1	

$$2\frac{5}{6} = 2\frac{10}{12}$$

1	1	

Paso 2. Suma primero la parte fraccionaria del número mixto. Luego, suma los números enteros.

$$\frac{9}{12} + \frac{10}{12} = \frac{19}{12}$$

$$3 + 2 = 5$$

$$\frac{19}{12} + 5 = 5\frac{19}{12}$$

Paso 3. Simplifica la suma si es posible.

$$5\frac{19}{12} = 6\frac{7}{12} \text{ horas}$$

Por tanto, $2\frac{5}{6} + 3\frac{3}{4} = 6\frac{7}{12}$.

En los Ejercicios **1** a **6**, halla cada suma. Simplifica si es posible.

1.
$$2\frac{10}{12}$$
$$+ \, 3\frac{3}{12}$$
_____

2.
$$1\frac{3}{8}$$
$$+ \, 6\frac{6}{8}$$
_____

3.
$$5\frac{4}{10}$$
$$+ \, 4\frac{2}{10}$$
_____

4. $10\frac{2}{6} + \frac{3}{6} =$ _____

5. $3\frac{3}{12} + 6\frac{8}{12} =$ _____

6. $1\frac{2}{5} + 3\frac{1}{5} =$ _____

7. Geometría Tirzah quiere poner una valla alrededor de su jardín. Tiene 22 yardas de material para valla. ¿Tiene suficiente para rodear todo su jardín?

Jardín de Tirzah

$4\frac{8}{12}$ yardas

$6\frac{9}{12}$ yardas

_____

_____

_____

Sumar números mixtos

En los Ejercicios **1** a **6**, halla cada suma. Simplifica si es posible.
Haz una estimación para comprobar que sea razonable.

1. $7\frac{2}{6} + 8\frac{5}{6}$ _____

2. $4\frac{3}{4} + 2\frac{2}{4}$ _____

3. $11\frac{9}{10} + 3\frac{2}{10}$ _____

4. $7\frac{9}{8} + 5\frac{2}{8}$ _____

5. $5\frac{8}{12} + 3\frac{5}{12}$ _____

6. $21\frac{11}{12} + 17\frac{5}{12}$ _____

7. **Sentido numérico** Escribe dos números mixtos que tengan un total de 3.

_____

8. ¿Cuál es la medida total del cerebro y corazón medios de un hombre en kilogramos (kg)?

_____

Pesos de órganos vitales

Cerebro medio de mujer	$1\frac{3}{10}$ kg	$2\frac{8}{10}$ lb
Cerebro medio de hombre	$1\frac{4}{10}$ kg	3 lb
Corazón medio del ser humano	$\frac{3}{10}$ kg	$\frac{7}{10}$ lb

9. ¿Cuál es el peso total del cerebro y corazón medios de una mujer en libras (lb)? _____

10. ¿Cuál es la suma de las medidas del cerebro medio de un hombre y del cerebro medio de una mujer en kilogramos? _____

11. ¿Qué opción es una buena comparación de la suma estimada y la suma real de $7\frac{9}{12} + 2\frac{11}{12}$?

A Estimada < real

C Real > estimada

B Real = estimada

D Estimada > real

12. ¿Puede ser la suma de dos números mixtos igual a 2? Explica por qué.

_____

_____

Restar números mixtos

El zoológico de Plainville ha tenido elefantes desde hace $12\frac{4}{6}$ años. El zoológico ha tenido cebras desde hace $5\frac{3}{6}$ años. ¿Por cuántos años más ha tenido el zoológico elefantes?

Paso 1: Escribe las fracciones equivalentes con el mínimo común denominador. Puedes usar tiras de fracciones.

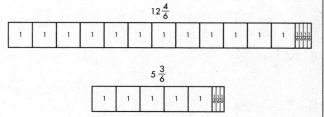

Paso 2: Halla la diferencia de $12\frac{4}{6} - 5\frac{3}{6}$. Resta las fracciones. Luego resta los números enteros. Simplifica la diferencia si es posible.

$$\frac{4}{6} - \frac{3}{6} = \frac{1}{6} \qquad\qquad 12 - 5 = 7$$

Por tanto, $12\frac{4}{6} - 5\frac{3}{6} = 7\frac{1}{6}$ años.

Ejemplo 2: A veces es necesario que conviertas una fracción para poder restar.
Halla la diferencia de $6 - 2\frac{3}{8}$.

$$6 \longrightarrow \text{convierte} \longrightarrow 5\frac{8}{8}$$
$$-\ 2\frac{3}{8} \qquad\qquad\qquad\qquad -\ 2\frac{3}{8}$$
$$\overline{\qquad\qquad\qquad\qquad\qquad\quad 3\frac{5}{8}}$$

En los Ejercicios **1** a **4**, halla cada diferencia. Simplifica si es posible. Recuerda: Puede ser que tengas que convertir una fracción para poder restar.

1. $\quad 4\frac{5}{8}$
   $\quad -\ 2\frac{2}{8}$

2. $\quad 5\frac{7}{12}$
   $\quad -\ 1\frac{2}{12}$

3. $\quad 3$
   $\quad -\ 1\frac{3}{4}$

4. $\quad 6\frac{5}{6}$
   $\quad -\ 5\frac{4}{6}$

5. **Sentido numérico** Para hallar la diferencia de $7 - 3\frac{5}{12}$, ¿cómo conviertes el 7?

_____

6. Robyn corrió $5\frac{3}{4}$ millas la semana pasada. Corrió $4\frac{1}{4}$ millas esta semana. ¿Cuántas millas más corrió la semana pasada?

_____

Restar números mixtos

En los Ejercicios **1** a **10**, halla cada diferencia. Simplifica si es posible.

1. $\quad 10\frac{3}{4}$

$\quad -\ 7\frac{1}{4}$

2. $\quad 7\frac{4}{6}$

$\quad -\ 2\frac{3}{6}$

3. $\quad 3$

$\quad -\ 2\frac{2}{3}$

4. $\quad 17\frac{8}{12}$

$\quad -\ 12\frac{3}{12}$

5. $9\frac{2}{6} - 6\frac{5}{6}$ _____

6. $4\frac{1}{5} - 2\frac{3}{5}$ _____

7. $6\frac{3}{12} - 3\frac{4}{12}$ _____

8. $5\frac{2}{8} - 3\frac{7}{8}$ _____

9. $8\frac{1}{4} - 7\frac{3}{4}$ _____

10. $2\frac{9}{10} - 2\frac{5}{10}$ _____

Práctica de la estrategia La tabla muestra la longitud y el ancho
de varios tipos de huevos de pájaro.

11. ¿Cuánto más largo es el huevo
del ganso canadiense que el
huevo del cuervo?

_____

12. ¿Cuánto más ancho es el huevo
de la tórtola que el huevo del tordo?

_____

Tamaños de huevo en pulgadas (pulg.)

Pájaro	Longitud	Ancho
Ganso canadiense	$3\frac{4}{10}$	$2\frac{3}{10}$
Tordo	$\frac{8}{10}$	$\frac{6}{10}$
Tórtola	$1\frac{2}{10}$	$\frac{9}{10}$
Cuervo	$1\frac{9}{10}$	$1\frac{3}{10}$

13. ¿Cuál es la diferencia de $21\frac{1}{4} - 18\frac{2}{4}$?

A $2\frac{1}{4}$ **B** $2\frac{2}{4}$ **C** $2\frac{3}{4}$ **D** $3\frac{1}{4}$

14. Explica por qué es necesario convertir $4\frac{1}{4}$ si le restas $\frac{3}{4}$.

_____

_____

_____

Descomponer y componer fracciones

Ejemplo 1

$$\begin{array}{r} \frac{1}{9} \\ + \frac{2}{9} \\ \hline \end{array}$$

Los denominadores son iguales, por tanto, puedes sumar los numeradores.

$\frac{3}{9} = \frac{1}{3}$ Convierte $\frac{3}{9}$ en $\frac{1}{3}$

Ejemplo 2

$\frac{1}{8} + \frac{3}{8} + \frac{5}{8} = \frac{9}{8}$ ó $1\frac{1}{8}$

Muestra otra manera de hacer esta suma.

$\frac{6}{8} + \frac{3}{8} = \frac{9}{8} = 1\frac{1}{8}$

Suma o resta fracciones y escribe las respuestas en su mínima expresión. Para las sumas, escribe otra suma que tenga el mismo total y use dos o más fracciones.

1. $\frac{1}{4} + \frac{1}{4}$

2. $\frac{2}{3} - \frac{1}{3}$

3. $\frac{2}{8} + \frac{5}{8}$

4. $\frac{5}{6} - \frac{1}{6}$

5. $\frac{4}{12} + \frac{2}{12}$

_____

6. $\begin{array}{r} \frac{5}{6} \\ - \frac{2}{6} \\ \hline \end{array}$

7. $\begin{array}{r} \frac{3}{10} \\ + \frac{3}{10} \\ \hline \end{array}$

8. $\begin{array}{r} \frac{9}{10} \\ - \frac{3}{10} \\ \hline \end{array}$

9. $\begin{array}{r} \frac{3}{12} \\ + \frac{6}{12} \\ \hline \end{array}$

10. $\begin{array}{r} \frac{44}{100} \\ - \frac{24}{100} \\ \hline \end{array}$

11. En el almuerzo, Alice comió $\frac{3}{8}$ de su sándwich. Más tarde, como antojito, comió otro $\frac{3}{8}$ del sándwich. Escribe una suma que muestre cuánto comió Alice de su sándwich. Supón que Alice comió la misma cantidad total de su sándwich en 3 ocasiones diferentes en lugar de 2. Escribe una suma que muestre la cantidad que comió como una suma de 3 fracciones.

_____

Descomponer y componer fracciones

En los Ejercicios **1** a **15,** suma o resta las fracciones. Para las sumas, escribe otra suma que tenga el mismo total y que use dos o más fracciones.

1. $\frac{1}{8} + \frac{3}{8} =$ _____

2. $\frac{8}{10} + \frac{1}{10} =$ _____

3. $\frac{1}{3} + \frac{1}{3} =$ _____

4. $\frac{3}{8}$
   $+ \frac{3}{8}$
   _____

5. $\frac{1}{5}$
   $+ \frac{2}{5}$
   _____

6. $\frac{3}{6}$
   $+ \frac{2}{6}$
   _____

7. $\frac{9}{12} - \frac{2}{12} =$ _____

8. $\frac{4}{8} - \frac{2}{8} =$ _____

9. $\frac{6}{10} - \frac{1}{10}$ _____

10. $\frac{5}{8}$
   $- \frac{2}{8}$
   _____

11. $\frac{7}{10}$
   $- \frac{1}{10}$
   _____

12. $\frac{8}{10}$
   $- \frac{4}{10}$
   _____

13. $\frac{1}{6}$
   $+ \frac{2}{6}$
   _____

14. $\frac{1}{3}$
   $+ \frac{1}{3}$
   _____

15. $\frac{1}{4}$
   $+ \frac{1}{4}$
   _____

16. Jacob está preparando un estofado. El estofado requiere $\frac{3}{8}$ de taza de arroz. Si triplica la receta, ¿cuánto arroz necesitará? Escribe una suma para mostrar tu respuesta.

_____

17. ¿Cuál de las siguientes fracciones no es una fracción equivalente a $\frac{1}{2}$?

A $\frac{3}{6}$ **B** $\frac{4}{8}$ **C** $\frac{6}{10}$ **D** $\frac{6}{12}$

18. **Escribir para explicar** Gerry dobló $\frac{3}{8}$ de la pila de camisas. Molly dobló $\frac{1}{8}$ de la pila de camisas. Juntos, ¿doblaron más de la mitad de las camisas? Explica tu respuesta.

_____

_____

Resolución de problemas:
Hacer un dibujo y escribir una ecuación

Lee y comprende

Pilar llenó $\frac{1}{8}$ de frasco con piedras azules, $\frac{2}{8}$ de frasco con piedras amarillas y $\frac{4}{8}$ del frasco con piedras moradas. ¿Cuánto del frasco está lleno en total?

¿Qué se?   Pilar llenó $\frac{1}{8}$, $\frac{2}{8}$ y $\frac{4}{8}$ de un frasco.

¿Qué me piden que halle?   ¿Cuánto del frasco está lleno de piedras?

Planea

Haz un dibujo y escribe una ecuación.

		x	
$\frac{1}{8}$	$\frac{2}{8}$	$\frac{4}{8}$	

$\frac{1}{8} + \frac{2}{8} + \frac{4}{8} = x$

Resuelve

Halla fracciones iguales y suma. Simplifica si es necesario.

$\frac{1}{8} + \frac{2}{8} + \frac{4}{8} = \frac{7}{8}$

$x = \frac{7}{8}$

Pilar llenó $\frac{7}{8}$ de su frasco con piedras.

Haz un dibujo y escribe una ecuación para resolver.

1. Joel caminó $\frac{4}{12}$ de milla a la tienda, $\frac{3}{12}$ de milla a la biblioteca y $\frac{2}{12}$ de milla a la oficina de correos. Sea x = la distancia total de caminó Joel. ¿Cuánto caminó?

   _____

2. Midge caminó $\frac{3}{4}$ de milla el lunes y $\frac{1}{4}$ de milla el martes. Sea x = cuánto más caminó el lunes. ¿Cuánto más caminó Midge el lunes?

   _____

3. **Sentido numérico** Glenda escribió $\frac{2}{10}$ de su artículo el lunes, $\frac{1}{10}$ de su artículo el martes y $\frac{1}{10}$ de su artículo el miércoles. Ella dijo que escribió más de la mitad de su artículo. ¿Tiene razón? ¿Por qué?

   _____

   _____

Resolución de problemas: Hacer un dibujo y escribir una ecuación

Haz un dibujo y escribe una ecuación para resolver.

1. Jamie compró $\frac{5}{8}$ de libra de harina de trigo. También compró $\frac{2}{8}$ de libra de harina blanca. ¿Cuánta harina compró?

2. Katie lleva recorrido $\frac{6}{10}$ del camino a la casa de Brianna. Larry lleva recorrido $\frac{7}{10}$ del camino a la casa de Brianna. ¿Cuánto más cerca de la casa de Brianna está Larry?

3. Nina practicó la trompeta durante $\frac{1}{6}$ de hora. Santiago practicó la trompeta durante $\frac{4}{6}$ de hora. ¿Cuánto más tiempo practicó Santiago que Nina?

4. Ned pescó $\frac{4}{12}$ de libra de peces. Sarah pescó $\frac{5}{12}$ de libra de peces. Jesse pescó $\frac{6}{12}$ de libra de peces. ¿Qué diagrama de barras muestra cómo hallar cuántas libras de peces pescaron en total?

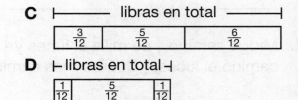

A $\vdash$ x libras en total $\dashv$

| $\frac{4}{12}$ | $\frac{4}{12}$ | $\frac{2}{12}$ |

B $\vdash$ x libras en total $\dashv$

| $\frac{4}{12}$ | $\frac{5}{12}$ | $\frac{6}{12}$ |

C $\vdash$ libras en total $\dashv$

| $\frac{3}{12}$ | $\frac{5}{12}$ | $\frac{6}{12}$ |

D $\vdash$ libras en total $\dashv$

| $\frac{1}{12}$ | $\frac{5}{12}$ | $\frac{1}{12}$ |

5. A John le sobró $\frac{5}{8}$ de pizza después de una fiesta. Le dio $\frac{3}{8}$ de la pizza a su amigo para que se la llevara a casa y se quedó con el resto. Haz un dibujo mostrando qué fracción de la pizza se quedó John, y escribe una ecuación para resolver.

_____

_____

Las fracciones como múltiplos de fracciones unitarias: Usar modelos

Ricardo tiene una manzana que está cortada en cuartos.

Quiere comerse $\frac{3}{4}$ de la manzana.

¿Cuántos trozos de $\frac{1}{4}$ necesita para formar $\frac{3}{4}$?

Usa tiras de fracciones y una recta numérica.

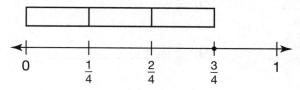

Cada tira de fracciones es igual a $\frac{1}{4}$.

Hay tres tiras de fracciones de $\frac{1}{4}$.

$$\frac{3}{4} = 3 \times \frac{1}{4}$$

Ricardo necesita tres trozos de $\frac{1}{4}$ para formar $\frac{3}{4}$.

En los Ejercicios **1** y **2**, usa la recta numérica y las tiras de fracciones para completar la ecuación.

1.

$\frac{4}{6} =$ _____ $\times$ _____

2.

$\frac{7}{8} =$ _____ $\times$ _____

Las fracciones como múltiplos de fracciones unitarias: Usar modelos

En los Ejercicios **1** a **9**, escribe la fracción como un múltiplo de una fracción unitaria. Usa tiras de fracciones como ayuda.

1. $\frac{2}{4} =$ _____

2. $\frac{4}{6} =$ _____

3. $\frac{3}{5} =$ _____

4. $\frac{3}{3} =$ _____

5. $\frac{7}{8} =$ _____

6. $\frac{6}{2} =$ _____

7. $\frac{5}{6} =$ _____

8. $\frac{9}{5} =$ _____

9. $\frac{8}{3} =$ _____

10. Usa el dibujo de la derecha para escribir una ecuación de multiplicación con $\frac{1}{2}$ como factor. Explica cómo hallaste la respuesta.

_____

_____

_____

11. ¿Cómo puedes determinar que una fracción es una fracción unitaria?

_____

_____

12. ¿Qué ecuación describe al dibujo?

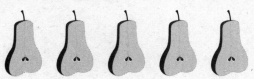

A $\frac{1}{5} = 5 \times \frac{1}{2}$

C $\frac{5}{2} = 5 \times \frac{1}{5}$

B $\frac{1}{2} = 5 \times \frac{1}{2}$

D $\frac{5}{2} = 5 \times \frac{1}{2}$

Multiplicar una fracción por un número entero: Usar modelos

Escribe una ecuación de multiplicación de un número entero por una fracción que corresponda al dibujo.

$\frac{1}{5}$	$\frac{1}{5}$	$\frac{1}{5}$	$\frac{1}{5}$	$\frac{1}{5}$	$\frac{1}{5}$

Halla la fracción unitaria: $\frac{1}{5}$

Cuenta el número de fracciones unitarias: 6

Escribe una ecuación de multiplicación para mostrar el número de fracciones unitarias por la fracción unitaria. $6 \times \frac{1}{5} = $ ▉

Multiplica para hallar el producto. $6 \times \frac{1}{5} = \frac{6}{5}$

La ecuación de multiplicación que corresponde al dibujo es $6 \times \frac{1}{5} = \frac{6}{5}$.

En los Ejercicios **1** y **2**, escribe una ecuación de multiplicación de un número entero y una fracción que corresponda al dibujo.

1.

$\frac{1}{3}$	$\frac{1}{3}$	$\frac{1}{3}$	$\frac{1}{3}$	$\frac{1}{3}$	$\frac{1}{3}$	$\frac{1}{3}$	$\frac{1}{3}$

Fracción unitaria: _____

Número de fracciones unitarias: _____

Ecuación de multiplicación: _____

2.

$\frac{1}{4}$	$\frac{1}{4}$	$\frac{1}{4}$	$\frac{1}{4}$	$\frac{1}{4}$	$\frac{1}{4}$	$\frac{1}{4}$	$\frac{1}{4}$	$\frac{1}{4}$

Fracción unitaria: _____

Número de fracciones unitarias: _____

Ecuación de multiplicación: _____

Multiplicar una fracción por un número entero: Usar modelos

En los Ejercicios **1** a **3**, usa cada modelo para escribir una
ecuación de multiplicación con un número entero y una fracción.

1.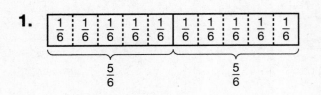

$\frac{5}{6}$ $\frac{5}{6}$

_____

2.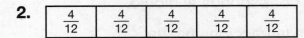

_____

3.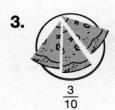

$\frac{3}{10}$ $\frac{3}{10}$ $\frac{3}{10}$

_____

4. Razonar Escribe una ecuación de multiplicación de un número entero por una fracción que corresponda a la recta numérica.

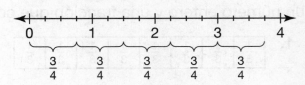

_____

5. Representar Explica por qué
$4 \times \frac{3}{5} = \frac{(4 \times 3)}{5} = \frac{12}{5}$. Haz un dibujo.

_____

_____

6. Audrey usa $\frac{5}{8}$ de taza de fruta en cada batido de fruta que hace. Hace 6 batidos de fruta para compartir con sus amigas. ¿Cuántas tazas de fruta usa?

| $\frac{5}{8}$ | $\frac{5}{8}$ | $\frac{5}{8}$ | $\frac{5}{8}$ | $\frac{5}{8}$ | $\frac{5}{8}$ |

A $3\frac{3}{8}$ tazas   **C** $3\frac{3}{4}$ tazas

B $3\frac{1}{2}$ tazas   **D** $6\frac{5}{8}$ tazas

Multiplicar una fracción por un número entero: Usar símbolos

Josh tiene 4 pedazos de cuerda. Cada pedazo de cuerda mide $\frac{3}{4}$ de yarda de longitud. ¿Cuántas yardas de cuerda tiene Josh?

Puedes pensar en cada pedazo de cuerda como un grupo separado. El tamaño de cada grupo mide $\frac{3}{4}$ de yarda.

$$\frac{3}{4} + \frac{3}{4} + \frac{3}{4} + \frac{3}{4}$$

Como todos los grupos son del mismo tamaño, puedes usar la multiplicación para hallar el total.

$$4 \times \frac{3}{4} = \frac{(4 \times 3)}{4} = \frac{12}{4} = 3$$

Josh tiene 3 yardas de cuerda.

Piensa: El número de grupos por el tamaño de cada grupo.

Resuelve. Muestra tu trabajo.

1. Belinda está pintando su cuarto. Su cuarto tiene 4 paredes. En cada pared usa $\frac{2}{3}$ de galón de pintura. ¿Cuánta pintura necesita para pintar todas las paredes?

$$\frac{2}{3} + \frac{2}{3} + \frac{2}{3} + \frac{2}{3} = 4 \times \frac{2}{3}$$

$$4 \times \frac{2}{3} = \underline{\hspace{4cm}}$$

2. Nat tiene 5 pedazos de cuerda. Cada pedazo mide $\frac{7}{8}$ de pulgada de largo. ¿Cuántas pulgadas de cuerda tiene Nat?

$$\frac{7}{8} + \frac{7}{8} + \frac{7}{8} + \frac{7}{8} + \frac{7}{8} = 5 \times \frac{7}{8}$$

$$5 \times \frac{7}{8} = \underline{\hspace{4cm}}$$

3. Caroline está haciendo 8 recetas de panecillos. Cada receta requiere $\frac{5}{6}$ de taza de harina. ¿Cuántas tazas de harina necesita Caroline?

_____

_____

Multiplicar una fracción por un número entero: Usar símbolos

En los Ejercicios **1** a **8**, multiplica.

1. $8 \times \frac{5}{12} =$ _____

2. $9 \times \frac{1}{4} =$ _____

3. $5 \times \frac{3}{5} =$ _____

4. $10 \times \frac{5}{6} =$ _____

5. $9 \times \frac{3}{10} =$ _____

6. $7 \times \frac{1}{3} =$ _____

7. $12 \times \frac{1}{5} =$ _____

8. $11 \times \frac{7}{8} =$ _____

9. Representar Matt está rastrillando hojas para sus vecinos. Tarda $\frac{7}{8}$ de hora en rastrillar las hojas en un césped. ¿Cuánto tardará Matt en rastrillar las hojas para 6 vecinos? Escribe una multiplicación para resolverlo.

_____

10. Zoey está haciendo pulseras para sus amigas. En cada pulsera usa $\frac{5}{6}$ de pie de cordel. ¿Cuánto cordel necesitará Zoey para hacer 12 pulseras?

_____

11. Farid toma $\frac{7}{8}$ de cucharadita de medicina para la alergia todos los días. ¿Cuánta medicina tomará en una semana?

A $1\frac{1}{4}$ cucharaditas

C $6\frac{1}{8}$ cucharaditas

B $5\frac{1}{4}$ cucharaditas

D $7\frac{7}{8}$ cucharaditas

12. Escribir para explicar La señora Nuñez está corrigiendo exámenes de matemáticas. Corrige 7 exámenes antes de la escuela y 5 exámenes después de la escuela. Si se tarda $\frac{1}{5}$ de hora en corregir cada examen, ¿cuánto tardará la señora Nuñez en corregir todos los exámenes? Explica tu respuesta.

_____

_____

Fracciones y números decimales

Cualquier fracción que tiene un 10 ó 100 como denominador se puede escribir como número decimal. Las décimas y las centésimas se escriben como dígitos a la derecha del punto decimal.

La parte sombreada es $\frac{2}{10}$ del área total.

Escríbelo en forma decimal: 0.2

Di: dos décimas.

La parte sombreada es $\frac{13}{100}$ del área total.

Escríbelo en forma decimal: 0.13

Di: trece centésimas

Escribe una fracción y un número decimal para indicar qué cantidad está sombreada.

1.

2.

3. ¿En qué se parecen las dos cuadrículas sombreadas? ¿En qué se diferencian?

_____ _____

_____

_____

_____

Escribe cada fracción en forma decimal.

4. $\frac{3}{10}$ **5.** $\frac{9}{10}$ **6.** $\frac{9}{100}$ **7.** $\frac{27}{100}$

_____   _____   _____   _____

Escribe cada número decimal como fracción en su mínima expresión.

8. 0.40   **9.** 0.76   **10.** 4.8   **11.** 0.07

_____   _____   _____   _____

Fracciones y números decimales

Escribe una fracción y un número decimal para mostrar qué cantidad está sombreada.

1.

_____

2.

_____

3.

_____

Dibuja un modelo que muestra cada número decimal.

4. 0.16

5. 1.7

6. 0.78

Escribe cada fracción como número decimal.

7. $\frac{1}{100}$

_____

8. $9\frac{4}{10}$

_____

9. $\frac{6}{10}$

_____

10. $\frac{17}{100}$

_____

Escribe cada número decimal como fracción en su mínima expresión.

11. 0.5

_____

12. 0.70

_____

13. 0.3

14. 3.60

15. En los modelos decimales, ¿cuántas tiras son iguales a 10 cuadrados pequeños?

A 70 tiras   **B** 10 tiras   **C** 7 tiras   **D** 1 tira

16. Escribir para explicar Explica los pasos que seguirías para escribir $\frac{36}{10}$ como número decimal.

_____

_____

_____

Fracciones y números decimales en la recta numérica

¿Cómo puedes ubicar fracciones y números decimales en una recta numérica?

Muestra $\frac{1}{8}$ en una recta numérica.

Dibuja una recta numérica y rotula 0 y 1.
Divide la distancia del 0 al 1 en 8
partes iguales.

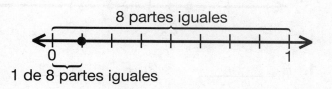

Rotula 0, $\frac{1}{8}$, $\frac{2}{8}$, $\frac{3}{8}$, $\frac{4}{8}$, $\frac{5}{8}$, $\frac{6}{8}$, $\frac{7}{8}$ y 1.

Traza un punto en $\frac{1}{8}$.

Muestra 0.3 en otra recta numérica.

Dibuja otra recta numérica y rotula
0 y 1. Divide la distancia del 0 al
1 en 10 partes iguales.

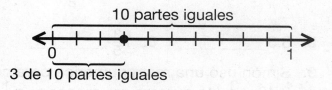

Rotula 0.1, 0.2, 0.3, 0.4, etc.

Usa la recta numérica para nombrar la fracción del número
decimal que debe escribirse en cada punto.

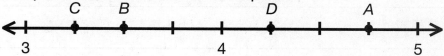

1. A _____   2. B _____   3. C _____   4. D _____

Identifica el punto correcto en la recta numérica para cada
fracción o número decimal.

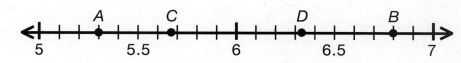

5. $6\frac{1}{3}$ _____   6. 5.3 _____   7. $5\frac{2}{3}$ _____   8. 6.8 _____

Fracciones y números decimales en la recta numérica

Usa la recta numérica para identificar las fracciones o números decimales que se deben escribir en cada punto.

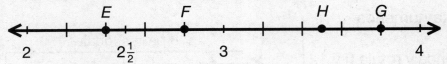

1. E _____

2. F _____

3. G _____

4. H _____

Identifica el punto correcto en la recta numérica para cada fracción o número decimal.

5. 8.3 _____

6. $7\frac{3}{5}$ _____

7. 7.7 _____

8. 8.2 _____

9. Simón usó una recta numérica para comparar dos números, 0.48 y $\frac{3}{5}$. Un número era menor que $\frac{1}{2}$ y el otro número era mayor que $\frac{1}{2}$. ¿Qué número era menor que $\frac{1}{2}$? _____

10. Escribir para explicar Jayne dice que 0.45 es igual a $\frac{4}{10}$. ¿Tiene razón?

_____

_____

_____

Fracciones equivalentes y números decimales

Se puede usar una fracción y un número decimal para representar el mismo valor.

Escribe $\frac{6}{12}$ como número decimal.

Paso 1 Escribe la fracción en su mínima expresión.

$$\frac{6}{12} = \frac{1}{2}$$

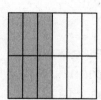

Paso 2 Expresa de otra manera la fracción usando un denominador de 10, 100 ó 1,000.

Piensa: ¿Qué número multiplicado por 2 es igual a 10?

$$\frac{1}{2} = \frac{5}{10}$$

Paso 3 Escribe el número decimal.
$\frac{5}{10}$ es cinco décimos.

$$\frac{5}{10} = 0.5$$

Por tanto, $\frac{6}{12} = 0.5$

En los Ejercicios **1** a **4**, halla los números que faltan. Luego escribe cada fracción como número decimal.

1. $\frac{1}{4} = \frac{\square}{100}$

2. $\frac{9}{20} = \frac{\square}{100}$

3. $\frac{3}{15} = \frac{1}{\square} = \frac{\square}{10}$

4. $\frac{8}{25} = \frac{\square}{100}$

_____   _____   _____   _____

Escribe cada fracción como número decimal.

5. $\frac{4}{5}$

6. $\frac{4}{50}$

7. $\frac{4}{25}$

8. $\frac{13}{20}$

9. $\frac{9}{50}$

_____   _____   _____   _____   _____

Di si cada par muestra números equivalentes.

10. $\frac{2}{5}$; 0.25

11. $\frac{10}{25}$; 0.4

12. $\frac{3}{5}$; 0.35

13. $\frac{7}{20}$; 0.35

_____   _____   _____   _____

14. Nueve de cada 15, ó $\frac{9}{15}$, de personas en la pista de patinaje llevaron sus propios patines. Escribe un número decimal equivalente para $\frac{9}{15}$. _____

Fracciones equivalentes y números decimales

En los Ejercicios **1** a **5**, escribe cada fracción como número decimal.

1. $\frac{1}{5}$ **2.** $\frac{9}{12}$ **3.** $\frac{11}{25}$ **4.** $\frac{19}{20}$ **5.** $\frac{23}{50}$

_____   _____   _____   _____   _____

En los ejercicios **6** a **9**, di si cada par muestra números equivalentes.

6. $\frac{2}{5}$; 0.5   **7.** $\frac{7}{20}$; 0.07   **8.** $\frac{4}{16}$; 0.25   **9.** $\frac{11}{50}$; 0.22

_____   _____   _____   _____

10. Una banda de rock tiene 5 miembros y $\frac{2}{5}$ de los miembros tocan instrumentos de cuerda. Además, 0.4 de los miembros cantan. ¿Tiene la banda el mismo número de músicos que tocan instrumentos de cuerda que cantantes? Explícalo.

_____

11. Kevin tiene 20 palabras que aprender para su examen de ortografía el viernes. Ha aprendido 6 de las palabras. Por tanto, ha aprendido $\frac{6}{20}$ de las palabras. Escribe $\frac{6}{20}$ en su mínima expresión y halla un número decimal equivalente.

_____

12. ¿Qué número decimal es equivalente a $\frac{5}{20}$?

A 0.20   **C** 0.35

B 0.25   **D** 0.52

13. Gina escribió que $\frac{4}{5}$ es mayor que 0.75. ¿Tiene razón? Explica por qué.

_____

14. Mira el Ejercicio 8. Explica cómo decidiste si los números son equivalentes.

_____

_____

Valor de posición decimal

Se puede usar una cuadrícula para representar décimas y centésimas. Para representar 0.3, puedes sombrear 3 de las 10 partes.

0.3
3 de 10 partes están sombreadas.

Para representar 0.30, puedes sombrear 30 de las 100 partes.

0.30
30 de 100 partes están sombreadas.

Una parte de la cuadrícula de centésimas puede ser comparada con una moneda de 1¢, dado que una parte de la cuadrícula es igual a 0.01 y una moneda de 1¢ es igual a una centésima de un dólar.

Las décimas y las centésimas están relacionadas. En los ejemplos de arriba, 3 décimas o 30 centésimas de las cuadrículas están sombreadas o 0.3 y 0.30. Estos números son iguales a: 0.3 = 0.30.

Escribe cada parte sombreada en palabras y en forma decimal.

1.

_____

2.

_____

Sombrea cada cuadrícula para representar el número decimal.

3. 0.57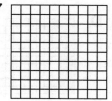

4. 0.4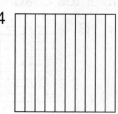

5. Sentido numérico ¿Cuál es mayor: 0.04 ó 0.4? Explícalo.

_____

_____

_____

_____

Nombre _____

Valor de posición decimal

Escribe cada parte sombreada en palabras y en forma decimal.

1.

_____

2.

_____

En cada operación, sombrea una cuadrícula para representar la parte de la población de cada país que vive en ciudades.

3. En Jamaica, 0.5 de la gente vive en ciudades.

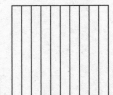

4. Sólo 0.11 de la población de Uganda vive en ciudades.

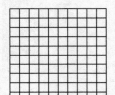

5. En Noruega, 0.72 de la gente vive en ciudades.

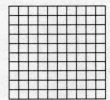

6. ¿Cuál de las siguientes cuadrículas muestra catorce centésimas?

A   B   C   D

7. **Escribir para explicar** Explica por qué una columna de una cuadrícula de centésimas es igual a una columna de una cuadrícula de décimas.

_____

_____

_____

Comparar y ordenar números decimales

Compara 0.87 con 0.89.

Primero, comienza por la izquierda. Halla el primer lugar en donde los números son diferentes.

0.87

0.89

Los números son iguales en el lugar de las décimas; por tanto, mira el próximo lugar.

El primer lugar en donde los números son diferentes es en las centésimas. Compara 7 centésimas con 9 centésimas.

$0.07 < 0.09$; por tanto, $0.87 < 0.89$.

Compara. Escribe $>$, $<$ ó $=$ en cada $\bigcirc$.

1. 0.36 $\bigcirc$ 0.76   **2.** 5.1 $\bigcirc$ 5.01   **3.** 1.2 $\bigcirc$ 1.20

4. 6.55 $\bigcirc$ 6.6   **5.** 0.62 $\bigcirc$ 0.82   **6.** 4.71 $\bigcirc$ 4.17

Ordena los números de menor a mayor.

7. 1.36, 1.3, 1.63   **8.** 0.42, 3.74, 3.47

_____   _____

9. 6.46, 6.41, 4.6   **10.** 0.3, 0.13, 0.19, 0.31

_____   _____

11. Sentido numérico ¿Cuál es mayor: 8.0 u 0.8? Explícalo.

_____

_____

_____

Nombre _____

Práctica
13-8

Comparar y ordenar números decimales

Compara. Escribe >, < ó = en cada ◯.

1. 0.31 ◯ 0.41   2. 1.9 ◯ 0.95   3. 0.09 ◯ 0.1

4. 2.70 ◯ 2.7   5. 0.81 ◯ 0.79   6. 2.12 ◯ 2.21

Ordena los números de menor a mayor.

7. 0.37, 0.41, 0.31   8. 1.16, 1.61, 6.11

_____   _____

9. 7.9, 7.91, 7.09, 7.19   10. 1.45, 1.76, 1.47, 1.67

_____   _____

Margaret tiene tres gatos. Sophie pesa 4.27 lb, Tigger pesa 6.25 lb y Ghost pesa 4.7 lb.

11. ¿Qué gato es el más pesado? _____

12. ¿Qué gato es el menos pesado? _____

13. ¿Qué grupo de números está ordenado de menor a mayor?

   A 0.12, 1.51, 0.65

   B 5.71, 5.4, 0.54

   C 0.4, 0.09, 0.41

   D 0.05, 0.51, 1.5

14. **Escribir para explicar** Darrin puso los números 7.25, 7.52, 5.72 y 5.27 en orden de mayor a menor. ¿Es correcto su trabajo? Explícalo.

_____

_____

Usar dinero para comprender los números decimales

Podemos usar dinero para comprender los números decimales. Por ejemplo, una moneda de 10¢ es una décima de dólar, o 0.1. Se necesitan 10 monedas de 10¢ para llegar a un dólar. Una moneda de 1¢ es una centésima de un dólar, o 0.01. Se necesitan 100 monedas de 1¢ para llegar a un dólar.

$0.01	$0.05	$0.10	$0.25	$0.50
0.01	0.05	0.1	0.25	0.5

El punto decimal se lee diciendo "con". Por tanto, $1.99 se lee como "un dólar *con* noventa y nueve centavos".

1. $3.52 = _____ dólares + _____ monedas de 10¢ + _____ monedas de 1¢

2. $1.87 = _____ dólar + _____ monedas de 10¢ + _____ monedas de 1¢

3. **Sentido numérico** Escribe nueve con treinta y seis centésimas con un punto decimal. _____

¿Cómo puedes usar solamente dólares, monedas de 10¢ y monedas de 1¢ para comprar

4. la pelota de beisbol?

_____

_____

5. el bate de beisbol?

_____

_____

$3.99

$8.49

$12.20

Usar dinero para comprender los números decimales

1. 2.18 = _____ unidades + _____ décima + _____ centésimas

$2.18 = _____ dólares + _____ moneda de 10¢ + _____ monedas de 1¢

2. 9.27 = _____ unidades + _____ centésimas

$9.27 = _____ dólares + _____ monedas de 1¢

3. 7.39 = _____ unidades + _____ décimas + _____ centésimas

$7.39 = _____ dólares + _____ monedas de 10¢ + _____ monedas de 1¢

4. Sentido numérico Escribe 3 dólares, 9 monedas de 10¢ y 5 monedas de 5¢ con el signo del dólar y el punto decimal.

_____

5. Sentido numérico Si tienes 5 décimas de un dólar, ¿cuánto dinero tienes?

_____

6. Luisa quiere comprar un libro por $6.95. ¿Cómo puede pagar ella por el libro usando sólo dólares, monedas de 10¢ y monedas de 5¢?

_____

7. ¿Cómo escribirías dieciséis con veinticinco centésimas con un punto decimal?

A 16.025   **B** 16.25   **C** 162.5   **D** 1,625

8. Escribir para explicar ¿Cuál es mayor, 4 décimas con 2 centésimas o 2 décimas con 4 centésimas? Explícalo.

_____

_____

Resolución de problemas:
Hacer un dibujo

Una valla tiene una longitud de 20 pies. Tiene postes en cada extremo
y también cada 4 pies. ¿Cuántos postes tiene la valla?

Lee y comprende

Paso 1: ¿Qué sabes?

La valla tiene una longitud de 20 pies.

Hay postes en cada extremo.

Hay postes cada 4 pies a lo largo de la valla.

Paso 2: ¿Qué tratas de hallar?

Cuántos postes tiene la valla.

Planea y resuelve

Paso 3: ¿Qué estrategia usarás?

Estrategia: Hacer un dibujo

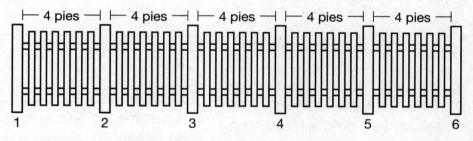

Hay 6 postes en total

Vuelve atrás y comprueba

Paso 4: ¿Lo has hecho bien?

Sí, el dibujo muestra que hay un total de 6 postes en la valla.

Resuelve el problema. Escribe la respuesta en una oración completa.

1. Tim, Kara y Ann están trabajando juntos para escribir un informe
   de 4 páginas. Cada estudiante escribirá la misma cantidad. ¿Qué
   parte del informe entero debe escribir cada uno?

_____

Resolución de problemas:
Hacer un dibujo

Resuelve los problemas. Escribe las respuestas en una oración completa.

1. Tres amigos dividieron una pizza de vegetales en 12 porciones. Si dividieron la pizza en partes iguales, ¿qué fracción de la pizza recibió cada amigo?

_____

2. Mark está haciendo una colcha de retazos con su abuela. Cada fila de la colcha tiene 6 cuadrados. Hay 8 filas. $\frac{1}{2}$ de los cuadrados son azules. ¿Cuántos cuadrados azules hay en la colcha de retazos?

_____

3. Jane trabajó quitando la maleza del jardín 7 veces. Le pagaron $5 cada vez que quitó la maleza por menos de 1 hora y $6 cada vez que quitó la maleza por más de 1 hora. Si Jane recibió $39, ¿cuántas veces quitó la maleza por más de 1 hora?

_____

_____

4. Neil debe cortar 3 tablas de madera largas en 9 trozos más pequeños. La primera mide 10 pies, la segunda mide 16 pies y la tercera mide 18 pies. La tabla muestra la cantidad de trozos más pequeños que necesita Neil. Usa un dibujo para mostrar cómo puede dividir las 3 tablas de madera sin dejar sobrantes.

Longitud de la tabla	Número que se necesita
4 pies	3
5 pies	4
6 pies	2

10 pies

16 pies

18 pies

Usar unidades usuales de longitud

Unidad	Ejemplo
Pulgada	Ancho de una moneda de 25¢
1 pie (pie) = 12 pulgadas (pulgs.)	Zapatos deportivos
1 yarda (yd) = 3 pies	Altura de un escritorio
1 milla (mi) = 5,280 pies	Distancia entre la escuela y la casa

Cómo medir un objeto:

Para medir un objeto, asegúrate de que uno de los extremos del objeto está en el cero.

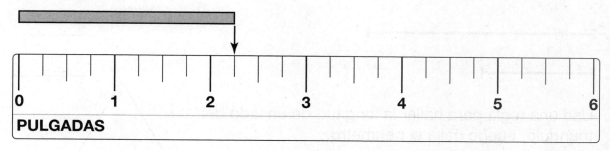

El rectángulo está más cerca de la marca de 2 pulgs., por tanto, podemos decir que el rectángulo mide 2 pulgs. de largo a la pulgada más cercana.

Escoge la unidad más apropiada para medir la longitud de cada objeto. Escribe pulgs., pies, yd o mi.

1. Gato _____

2. Lago _____

3. Pasillo _____

4. Cancha de básquetbol _____

Primero, haz una estimación. Luego, halla cada longitud a la pulgada más cercana.

5. ⊢━━━━━━━━━━━━━━━⊣   _____

6. ⊢━━━━⊣   _____

_____

Usar unidades usuales de longitud

Escoge la unidad más apropiada para medir la longitud de cada objeto. Escribe pulgs., pie, yd o mi.

1. Barco _____

2. Billetera _____

3. Campo de futbol _____

4. Venda para el dedo _____

5. Cable de computadora _____

6. Recorrido de un tren _____

7. Nariz _____

8. Mar _____

Primero, haz una estimación. Luego, mide cada longitud a la pulgada más cercana.

9. ├───────────────────┤ _____

10. ├───────┤ _____

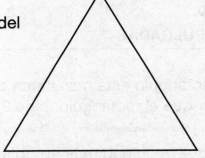

11. Usa una regla para hallar la longitud de un lado del triángulo. Luego halla el perímetro.

_____

12. Elena necesita 9 pies de tela para hacer una falda. Si Elena tiene 18 pies de tela, ¿cuántas faldas puede hacer?

_____

13. ¿Qué unidad es más apropiada para medir la longitud de un establo?

A pulgadas   B libras   C yardas   D millas

14. **Escribir para explicar** Explica cómo decidirías qué unidad es mejor para medir tu libro de matemáticas.

_____

_____

Unidades usuales de capacidad

La capacidad es el volumen que puede contener un recipiente. La capacidad se mide, de menor a mayor, en cucharaditas, cucharadas, onzas líquidas, tazas, pintas, cuartos de galón y galones.

1 taza

Hay 2 tazas en 1 pinta.

Hay 2 pintas en 1 cuarto.

Hay 4 cuartos en 1 galón.

Escoge la unidad o las unidades más apropiadas para medir la capacidad de cada recipiente. Escribe t, pt, cto. o gal.

1. Botella de agua _____   2. Bañera _____

3. Cartón de leche _____   4. Cafetera _____

5. Taza de té _____   6. Jarra de jugo _____

7. **Razonamiento** ¿Es conveniente usar una taza para medir el agua que contiene una bañera? Explica por qué.

_____

_____

El cuerpo humano adulto contiene aproximadamente 5 ctos. de sangre.

8. ¿Hay más o menos de 5 pt de sangre en el cuerpo humano?

_____

9. ¿Hay más o menos de 5 gal. de sangre en el cuerpo humano?

_____

Unidades usuales de capacidad

Escoge la unidad o las unidades más apropiadas para medir la capacidad de cada recipiente. Escribe cdta., cda., oz líq., t, pt, cto. o gal.

1. Taza de té _____

2. Envase de jugo _____

3. Aceite para el motor _____

4. Sal en una receta _____

5. Envase de crema _____

6. Regadera grande _____

7. **Sentido numérico** ¿Es una cucharadita una buena unidad para medir la capacidad de un envase de leche? Explícalo.

_____

_____

8. Caben 20 gal. de agua en un botellón para refresco del equipo de beisbol. Para hacer una bebida energética, se usa 1 t de la mezcla por cada 2 gal. de agua. ¿Cuántas tazas de la mezcla se necesitan para llenar el botellón con bebida energética? _____

9. ¿Qué unidad tiene mayor capacidad?

   A cucharada   C pinta

   B cuarto de galón   D cucharadita

10. **Escribir para explicar** Cassidy dice que capacidad es lo mismo que medida. ¿Estás de acuerdo? Explica por qué.

_____

_____

_____

Unidades de peso

En 1 libra (lb) hay 16 onzas (oz).

En 1 tonelada (T) hay 2,000 lb.

| Las onzas se usan para pesar cosas pequeñas, como un tomate. | Las libras se usan para pesar cosas como una caja pesada. | Las toneladas se usan para pesar cosas muy grandes o pesadas, como un cohete. |

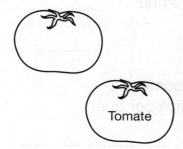

Tomate

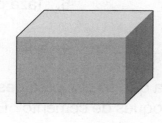

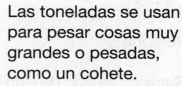

Escoge la unidad más apropiada para medir el peso de cada elemento. Escribe oz, lb o T.

1. Carro _____

2. Computadora _____

3. Bola de bolos _____

4. Cebolla _____

5. Tiranosaurio Rex _____

6. Aspiradora _____

7. Razonamiento Un hipopótamo pesa aproximadamente 5,000 lb. ¿Pesa ese hipopótamo más o menos de 5,000 oz?

_____

8. ¿Cuál es la mejor medida para pesar una hoja: onzas, libras o toneladas? Explícalo.

_____

_____

_____

_____

Unidades de peso

Escoge la unidad más apropiada para medir el peso de cada elemento. Escribe oz, lb o T.

1. Camión _____

2. Lata de vegetales _____

3. Persona _____

4. Escritorio _____

5. Camión cargado de ladrillos _____

6. Taza de harina _____

7. Caja de papel _____

8. CD _____

9. **Razonamiento** ¿Es una balanza que se usa para pesar comida la mejor herramienta para pesar bloques de cemento? Explica por qué.

_____

_____

_____

10. Jen quiere pesar a su gato. ¿Cuál es la unidad más apropiada para pesar al gato: onzas, libras o toneladas? _____

11. ¿Cuál es la unidad más apropiada para pesar una casa? _____

12. ¿Qué animal sería más apropiado para medir su peso en onzas?

    A ratón   **B** elefante   **C** caballo   **D** vaca

13. **Escribir para explicar** Doris dice que en 1 T hay más onzas que libras. ¿Estás de acuerdo? Explícalo.

_____

_____

_____

Convertir unidades usuales

Ésta es una tabla de las unidades usuales de longitud, capacidad y peso. Usa la tabla para convertir de una unidad usual de medida a otra.

Unidades usuales		
Longitud	**Capacidad**	**Peso**
1 pie = 12 pulgs.	1 cda. = 3 cdtas.	1 lb = 16 oz
1 yd = 36 pulgs.	1 oz líq. = 2 cdas.	1 T = 2,000 lb
1 yd = 3 pies	1 t = 8 oz líq.	
1 mi = 5,280 pies	1 pt = 2 t	
1 mi = 1,760 yd	1 cto. = 2 pt	
	1 gal. = 4 ctos.	

Recuerda: Al convertir de unidades menores a unidades mayores, divides. Al convertir de unidades mayores a unidades menores, multiplicas.

¿Qué distancia es mayor: 100 pulgs. o 10 yd?

1 yd = 3 pies   3 pies (12 pulgs./pie) = 36 pulgs.
10 yd en (36 pulgs./yd) = 360 pulgs.

360 pulgs. es mayor que 100 pulgs.; por tanto, 10 yd es mayor.

---

1. ¿Cuál es mayor: 6 pies o 70 pulgs.? _____

2. ¿Cuántas pintas hay en 24 cuartos de galón? _____

3. ¿Cuál pesa más: 5 lb o 100 oz? _____

4. Si una receta require 2 cdas., ¿a cuántas cdtas. equivale? _____

Convertir unidades usuales

En los Ejercicios **1** a **12**, compara. Escribe $>$, $<$ ó $=$ en cada $\bigcirc$.

1. 1 yd $\bigcirc$ 4 pies

2. 40 pulgs. $\bigcirc$ 1 yd

3. 6 pt $\bigcirc$ 3 ctos.

4. 3 lb $\bigcirc$ 50 oz

5. 2 yd $\bigcirc$ 6 pies

6. 3 pies $\bigcirc$ 30 pulgs.

7. 1 gal. $\bigcirc$ 15 t

8. 3 T $\bigcirc$ 3,000 lb

9. 1 mi $\bigcirc$ 2,000 yd

10. 100 pies $\bigcirc$ 100 mi

11. 1 gal. $\bigcirc$ 100 oz líq.

12. 3 cdas. $\bigcirc$ 10 cdtas.

13. ¿Qué medida **NO** es igual a 1 milla?

A 1,760 yd   **B** 5,280 yd   **C** 5,280 pies   **D** 63,360 pulgs.

14. **Escribir para explicar** Una receta requiere 4 cdtas. de polvo de hornear y 1 oz líq. de esencia de vainilla. ¿Qué medida es mayor? Explícalo.

_____

_____

_____

Resolución de problemas:
Escribir para explicar

El explicar tu estrategia de resolución de problemas, puede ayudarte a resolver problemas y evitar errores.

Jessy y Dean midieron cada uno el peso de sus mascotas. El perro de Jessy pesa 12 libras 2 onzas. El gato de Dean pesa 128 onzas. Dean dijo que su gato pesó más. ¿Tiene razón?

PLANEA	Primero, necesito convertir la medida de Jessy a onzas para comparar el peso de su perro con el del gato de Dean.	La medida de Jessy: 12 libras 2 onzas Recuerdo que 1 libra = 16 onzas. 12 libras × 16 onzas = 192 onzas. Por tanto, 12 libras 2 onzas = 192 onzas + 2 onzas 192 + 2 = 194 onzas
RESUELVE	Comparo las medidas. El gato de Dean pesa 128 onzas. El perro de Jessy pesa 194 onzas.	Dean no tiene razón. Su gato pesa 128 onzas y el perro de Jessy pesa 194 onzas. El perro de Jessy pesa más. Dean tal vez no recordó que cada libra es igual a 16 onzas.

Resuelve los problemas siguientes y explica cómo hallaste tus respuestas.

1. Raúl mide la longitud de un pasillo de arriba como 8 pies. Su hermano mide la longitud de un pasillo de abajo como 96 pulgadas. ¿Cuál pasillo es más largo?

_____

_____

_____

2. **Sentido numérico** Sue sabe que el perímetro del triángulo a la derecha es de 13 pulgadas. ¿Puede hallar la longitud del lado que falta? Explica tu respuesta.

5 pulgs. / ? pulgs.
3 pulgs.

_____

_____

Resolución de problemas:
Escribir para explicar

1. La figura de la derecha es un rectángulo. ¿Cómo puedes usar la información mostrada para hallar su perímetro?

Área = 35 pulgs.²
|←——— 7 pulgs. ———→|

_____

_____

2. David hizo una encuesta a 12 personas para averiguar cuál es su animal favorito. De ellas, $\frac{1}{3}$ de las personas dijeron que les gustan más los perros. ¿Cómo puedes averiguar a cuántas personas les gustan más los perros?

_____

_____

3. Entre las 6 A.M. y las 10 A.M. la temperatura aumentó 5 °F. Entre las 10 A.M. y las 2 P.M. la temperatura aumentó 6 °F. Entre las 2 P.M. y las 6 P.M. la temperatura aumentó 0 °C. ¿Podrías determinar cuánto aumentó la temperatura desde las 6 A.M.? ¿Por qué?

_____

_____

4. ¿Cómo podrías averiguar qué pesa más: una tonelada de almohadas o una tonelada de bolas de bolos?

_____

_____

5. Warren midió una ventana rectangular para averiguar cuánto plástico necesitaría para taparla. La ventana midió 5 pies 6 pulgadas por 2 pies 9 pulgadas. ¿Aproximadamente cuántas pulgadas cuadradas de plástico necesita Warren para tapar la ventana?

A 1,800 pulgadas cuadradas   **C** 2,400 pulgadas cuadradas

B 2,100 pulgadas cuadradas   **D** 2,800 pulgadas cuadradas

Usar unidades métricas de longitud

Las unidades métricas se usan para estimar y medir la longitud.

Unidades métricas de longitud

1 cm = 10 mm

1 dm = 10 cm

1 m = 100 cm

1 km = 1,000 m

Halla la longitud al centímetro más cercano.

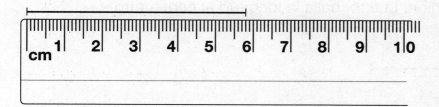

El segmento de recta mide 6 cm de largo al centímetro más cercano.

Escoge la unidad más apropiada para medir cada longitud.
Escribe mm, cm, dm, m o km.

1. Longitud de un dedo _____

2. Longitud de una pelota de futbol _____

3. Ancho del dedo gordo del pie _____

4. Longitud de la cafetería _____

5. Distancia entre París y Londres _____

Primero, haz una estimación. Luego, halla la longitud al centímetro más cercano.

6. ┣━━━━━━━━━━━━━┫   _____ , _____

7. ┣━━━━━━━┫   _____ , _____

8. **Sentido numérico** La distancia a lo largo de un campo es de 20 m. ¿Es la distancia a lo largo del mismo campo mayor o menor que 20 km?

_____

Usar unidades métricas de longitud

Escoge la unidad más apropiada para medir cada longitud.
Escribe mm, cm, dm, m o km.

1. El ancho de una casa

_____

2. La distancia a través del lago Erie

_____

3. El ancho de una tachuela

_____

4. El grosor de un directorio telefónico

_____

Primero, haz una estimación. Luego, halla la longitud al centímetro más cercano.

5. |————————————|

_____ , _____

6. |————|

_____ , _____

7. Sentido numérico ¿Qué es más probable que midieras en centímetros: una pecera o una piscina?

_____

8. ¿Cuál es más largo: un lápiz de 12 cm o un bolígrafo de 1 dm?

_____

9. ¿Cuál es la medida más apropiada para el largo de una patineta?

A 5 mm   **B** 5 cm   **C** 5 dm   **D** 5 m

10. Escribir para explicar Jill midió la longitud de su borrador. Ella escribió 5 en su hoja sin la unidad. ¿Qué unidad métrica de medida debe incluir?

_____

_____

Unidades métricas de capacidad

La capacidad es la cantidad de líquido que puede contener un objeto.
El sistema métrico usa las unidades litro (L) y mililitro (mL).

Puedes usar litros para medir la cantidad de agua que hay en una
botella o la cantidad de gasolina en un tanque.

Un mililitro es una unidad de medida muy pequeña. En una
cucharadita hay 5 mL de líquido. Puedes usar mililitros para medir
cantidades pequeñas de líquido, como cuánta medicina darle a un bebé.

1 L es igual a 1,000 mL.

Escoge la unidad más apropiada para medir la capacidad de
cada objeto. Escribe L o mL.

1. Dedal _____

2. Fregadero de la cocina _____

3. Taza de café _____

4. Cubeta de agua para un caballo _____

5. **Sentido numérico** En un recipiente caben 5 L de líquido.
¿Caben más o menos de 5 mL de líquido?

_____

6. Hay una botella con solución salina para ojos. ¿Es más
probable que la botella contenga 15 mL o 1 L de solución?

_____

Unidades métricas de capacidad

Escoge la unidad más apropiada para medir la capacidad de
cada uno. Escribe L o mL.

1. Agua en una bañera   **2.** Perfume en una botella   **3.** Sopa en una lata

_____   _____   _____

4. Sentido numérico ¿Cuál es menor, el número de litros
o el número de mililitros de agua en una piscina? _____

5. Nombra algo que puedas medir en litros.

_____

6. Nombra algo que puedas medir en mililitros.

_____

7. Un galón de leche es aproximadamente igual a
4 L de leche. Aproximadamente, ¿cuántos litros
de leche hay en 10 gal.?   _____

8. Una lata pequeña de jugo de tomate contiene
56 mL de jugo. Una lata grande contiene 202 mL
de jugo. ¿Cuánto jugo hay en la lata grande y la lata
pequeña en total?   _____

9. ¿Qué capacidad sería más apropiada para medir en mililitros?

A Gasolina en un carro   **C** Té en una taza

B Agua en una bañera   **D** Detergente en una botella

10. Escribir para explicar ¿Sería más apropiado medir la cantidad
de agua en el fregadero de tu cocina en litros o mililitros?
Explícalo.

_____

_____

Unidades de masa

Las unidades métricas de masa son gramos (g) y kilogramos (kg).

1 kg = 1,000 g

Una cereza o un bolígrafo pueden tener una masa de 1 g.

Un gatito o una sandía pueden tener una masa de 1 kg.

Escoge la unidad más apropiada para medir cada masa.
Escribe g o kg.

1. Cortadora de césped _____

2. Calabaza _____

3. Niño _____

4. Anillo de oro _____

5. Huevo de gorrión _____

6. Bala de cañón _____

7. Bloque de cemento _____

8. Carrete de hilo _____

9. **Sentido numérico** ¿Cuál es mayor: 850 g o 1 kg?

_____

10. La masa de una ventana es de 18 kg. ¿Cuál es la masa de 5 de esas ventanas?

_____

_____

11. La masa de un caballo es de 180 kg. La masa de un segundo caballo es de 275 kg. ¿Cuánto mayor es la masa del segundo caballo que la del primer caballo?

_____

_____

Unidades de masa

Escoge la unidad más apropiada para medir la masa de cada objeto. Escribe g o kg.

1. Plátano _____

2. Tractor _____

3. Moneda _____

4. Bola de bolos _____

5. Carta _____

6. Enciclopedia _____

7. **Sentido numérico** ¿Qué número es mayor: la masa de un gato en gramos o la masa del mismo gato en kilogramos?

_____

8. El *Dromornis stirtoni* era una vez el ave viviente más grande. Ahora está extinta. Ahora el avestruz es el ave viviente más grande. ¿Cuál es la diferencia de masa entre el *Dromornis stirtoni* y el avestruz?

Ave	Masa
Avestruz	156 kg
Cóndor andino	9 kg
Búho real	4.2 kg
Dromornis stirtoni	454 kg

_____

9. ¿Qué ave tiene mayor masa, un cóndor andino o un búho real?

_____

10. ¿Qué objeto es más probable que tenga una masa de 2 kg?

   A Un camión   C Un mosquito

   B Una naranja   D Un libro de matemáticas

11. **Escribir para explicar** ¿Es más probable que halles la masa de un bolígrafo en gramos o en kilogramos? Explícalo.

_____

_____

_____

Convertir unidades métricas

Ésta es una tabla de los factores de conversión de las
unidades métricas.

Unidades métricas

1 cm = 10 mm
1 dm = 10 cm
1 m = 100 cm
1 m = 1,000 mm
1 km = 1,000 m
1 L = 1,000 mL
1 kg = 1,000 g

Recuerda: Al convertir de unidades menores a unidades mayores, divides.
Al convertir de unidades mayores a unidades menores, multiplicas.

¿Qué tiene más masa, un kilogramo de plomo o 1,200 gramos
de ladrillos?

1 kg = 1,000 g
1,000 g de plomo es menos que 1,200 g ladrillos.
Los ladrillos tienen más masa.

Resuelve.

1. ¿Cuál es mayor: 200 mm o 1 m? _____

2. ¿Qué cantidad es menor:
   250 mL o 250 L? _____

3. Si 4 manzanas pesan 1 kg,
   ¿aproximadamente cuántos
   gramos pesa cada manzana? _____

Nombre _____

Convertir unidades métricas

En los Ejercicios **1** a **12**, compara. Escribe >, < ó = en cada $\bigcirc$.

1. 4 m $\bigcirc$ 400 dm   **2.** 4 dm $\bigcirc$ 40 cm

3. 10 L $\bigcirc$ 1,000 mL   **4.** 2 kg $\bigcirc$ 1,500 g

5. 15 cm $\bigcirc$ 150 mm   **6.** 1 km $\bigcirc$ 999 m

7. 4 L $\bigcirc$ 4,500 mL   **8.** 500 g $\bigcirc$ 5 kg

9. 6 km $\bigcirc$ 6,000 m   **10.** 200 cm $\bigcirc$ 3 m

11. 3,000 m $\bigcirc$ 2 km   **12.** 100 mm $\bigcirc$ 1 dm

13. ¿Qué medida **NO** es igual a 3 m?

A 30 dm   **B** 300 cm   **C** 3,000 mm   **D** 3,000 cm

14. **Escribir para explicar** Si 5 papas juntas tienen una masa
de 1 kilogramo y 8 peras juntas tienen una masa de
1,200 gramos, ¿qué tiene una masa mayor: una papa o
una pera? Explícalo.

_____

_____

_____

Unidades de tiempo

Puedes usar la información de la tabla para comparar diferentes cantidades de tiempo. Por ejemplo:

¿Qué tiempo es mayor:
3 años o 40 meses?
Según la tabla,
1 año = 12 meses.

Unidades de tiempo
1 minuto = 60 segundos
1 hora = 60 minutos
1 día = 24 horas
1 semana = 7 días
1 mes = aprox. 4 semanas
1 año = 52 semanas
1 año = 12 meses
1 año = 365 días
1 año bisiesto = 366 días
1 década = 10 años
1 siglo = 100 años
1 milenio = 1,000 años

1 año = 12 meses
3 años = 36 meses

$$\begin{array}{r} 12 \\ \times\ 3 \\ \hline 36 \end{array}$$

40 meses > 36 meses
40 meses > 3 años

Por tanto, 40 meses es
más tiempo que 3 años.

Escribe >, < ó = en cada $\bigcirc$.

1. 1 año $\bigcirc$ 350 días

2. 25 meses $\bigcirc$ 2 años

3. 20 décadas $\bigcirc$ 2 siglos

4. 720 días $\bigcirc$ 2 años

5. 8 décadas $\bigcirc$ 1 siglo

6. 72 horas $\bigcirc$ 3 días

7. 240 minutos $\bigcirc$ 3 horas

8. 3 años $\bigcirc$ 120 meses

9. Sentido numérico ¿Cuántas horas hay en 2 días? _____

10. Una veintena son 20 años. ¿Cuántos años son
5 veintenas? _____

11. El pez dorado de Dave vivió por 2 años 8 meses.
El pez dorado de Chris vivió por 35 meses.
¿Qué pez dorado vivió más tiempo? _____

12. El árbol A vivió por 6 décadas 5 años. El árbol
B vivió por 58 años. ¿Qué árbol vivió más tiempo? _____

Unidades de tiempo

Escribe >, < ó = en cada ◯.

1. 48 horas ◯ 4 días

2. 1 año ◯ 12 meses

3. 60 minutos ◯ 2 horas

4. 17 días ◯ 2 semanas

5. 5 meses ◯ 40 semanas

6. 1 milenio ◯ 10 siglos

7. 6 décadas ◯ 1 siglo

8. 5 décadas ◯ 48 años

9. Los abuelos de Cheryl han estado casados por 6 décadas. ¿Cuántos años han estado casados?

_____

10. Tom fue a la escuela primaria desde 1997 hasta 2002. ¿Cuánto tiempo es eso en años?

_____

La Declaración de Independencia fue firmada el 4 de julio de 1776. Los Estados Unidos celebraron su bicentenario el 4 de julio de 1976. ¿Cuánto tiempo es eso en

11. años? _____

12. décadas? _____

13. 49 días = ☐

A 5 semanas   **B** 6 semanas   **C** 7 semanas   **D** 8 semanas

14. **Escribir para explicar** ¿Qué tiempo es mayor: 180 s o 3 min? Explica cómo lo determinaste.

_____

_____

_____

Resolución de problemas:
Empezar por el final

Rutina matutina Brenda tarda 30 min en vestirse por la mañana.
Tarda 20 min en desayunar y luego camina a la escuela. Brenda
tarda 15 min en caminar a la escuela. Brenda debe estar en la
escuela a las 8:55 A.M. ¿A qué hora es lo más tarde que se puede
levantar en la mañana?

Lee y comprende

Paso 1: ¿Qué sabes?

A Brenda le toma 30 min vestirse, 20 min
desayunar y 15 minutos caminar a la escuela.
Debe estar en la escuela a las 8:55 A.M.

Paso 2: ¿Qué tratas de hallar?

¿A qué hora es lo más tarde que puede
levantarse Brenda?

Planea y resuelve

Paso 3: ¿Qué estrategia usarás?

Empieza por el final, haciendo lo opuesto de cada paso.

Estrategia: Empezar por el final

Necesito trabajar por el final, o restar desde la hora de llegada a
la escuela, un paso a la vez.

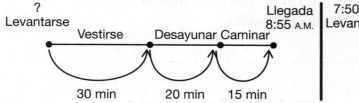

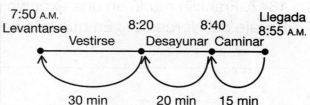

Brenda debe levantarse a las 7:50 A.M. a más tardar para poder llegar a la escuela a tiempo.

Vuelve y comprueba

Paso 4: ¿Lo has hecho bien?

Sí. Si reviso los tiempos hacia adelante, termino a las 8:55 A.M.

---

1. Cuando Cristóbal Colón tenía 41 años, navegó por primera
   vez a través del océano Atlántico. Hizo su última expedición
   10 años más tarde, la cual duró 2 años. Murió en 1506,
   2 años después de que terminara su última expedición.
   ¿En qué año nació Colón?

Resolución de problemas: Empezar por el final

Empieza por el final para resolver los problemas. Escribe la respuesta en una oración completa.

1. En la clase de cuarto grado de Travis había 21 estudiantes al final del año escolar. Durante el año, cuatro estudiantes nuevos se unieron a su clase y 2 se mudaron a otra ciudad. Un estudiante fue transferido a la clase de otro maestro. ¿Cuántos estudiantes hubo en la clase de Travis al principio del año escolar?

_____

_____

_____

2. Sir John Franklin fue un explorador que viajó por Canadá y los Estados Unidos. Cuando comenzó a explorar el noroeste de Canadá tenía 33 años. En una segunda expedición, 17 años después, llegó a explorar hasta Alaska. 11 años después, en 1847, Franklin murió en una expedición en la que buscaba el Pasaje del Noroeste. ¿En qué año nació Franklin?

_____

3. Tessie tiene un partido de voleibol a las 6:45 P.M. Debe llegar 15 min antes para hacer ejercicios de calentamiento y tarda 40 min en llegar al gimnasio. ¿A qué hora debe salir de casa?

_____

4. Frank compró su almuerzo por $5.60 en un restaurante. Gastó $2.00 en el autobús de ida y vuelta al centro comercial y gastó otros $6.50 en el centro comercial. Su amigo Bill le pagó $5.00 que le había prestado la semana anterior. Si Frank llegó a casa con $10.50 en su bolsillo, ¿cuánto tenía esa mañana al salir de casa?

_____

Resolver problemas sobre perímetro y área

1. Halla la longitud del rectángulo.

$A =$ _____ y $a =$ _____

$A = \ell \times a$

_____ $= \ell \times$ _____

(Piensa: Si $63 = \ell \times 7$, entonces $\ell =$ _____ $\div$ _____)

$\ell =$ _____

Por tanto, la longitud es _____ pies.

7 pies | Área = 63 pies^2

ℓ

2. Halla el ancho del rectángulo.

$P =$ _____ y $\ell =$ _____

$P = 2\ell + 2a$

_____ $= (2 \times$ _____ $) + 2a$

_____ $=$ _____ $+ 2a$ (Piensa: Si $30 = 22 + 2a$, entonces $2a =$ _____ $-$ _____).

$2a =$ _____ (Piensa: Si $2 \times a = 8$, entonces $a =$ _____ $\div$ _____).

$a =$ _____

Por tanto, el ancho es _____ pulgadas.

a | Perímetro = 30 pulgs.

11 pulgs.

Resolver problemas sobre perímetro y área

Usa las fórmulas para el perímetro y el área de los rectángulos para resolver cada problema.

1. Halla *x*.

2 pies | x Área = 28 pies² |

_____

2. Halla *y*.

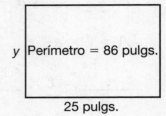

25 pulgs.

_____

3. Halla la longitud. Luego halla el perímetro.

3 pies | Área = 33 pies² |
ℓ

_____

4. Halla el ancho. Luego halla el área.

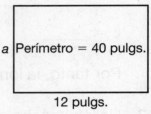

12 pulgs.

_____

Michael diseña y hace colchas de retazos. Responde a los Ejercicios **5** a **8** sobre las dimensiones de sus colchas. Puedes usar un bosquejo para resolver el problema.

5. Hizo una colcha de retazos que medía 3 pies de ancho. Su perímetro era de 16 pies. ¿Cuál era su área?

_____

6. Hizo una colcha de retazos tamaño queen que medía 8 pies de largo. Su área era de 64 pies cuadrados. ¿Cuál era su perímetro?

_____

7. Razonar Quería hacer otra colcha de retazos con un área de 42 pies cuadrados. ¿Cuáles son sus dimensiones posibles si deben ser números enteros? ¿Qué longitud y ancho tienen más sentido para una colcha de retazos?

_____

_____

8. Perseverar El perímetro de otra colcha de retazos tenía que medir 34 pies porque Michael sólo tenía esa cantidad de ribete. Si quería que la colcha midiera 8 pies de largo, ¿cuál sería su área?

A 18 pies²   **B** 72 pies²   **C** 144 pies²   **D** 292 pies²

Resolver problemas de medición

Lance tiene una pecera de 5 galones. Llena la pecera usando un recipiente de 2 cuartos de galón. ¿Cuántas veces tendrá que llenar el recipiente de 2 cuartos de galón para llenar la pecera?

Usa el diagrama de barras para ver cómo se relacionan las unidades.

1 gal.			
1 cto.	1 cto.		

4 ctos. = 1 gal. o 2 ctos. = $\frac{1}{2}$ gal.

Por tanto, Lance tiene que llenar el recipiente 2 veces para llenar un galón de la pecera.

Dado que hay 5 galones, debe llenar el recipiente 2 × 5, ó 10 veces.

En los Ejercicios **1** y **2**, usa el diagrama mostrado como ayuda para resolver el problema.

1. Amber tardó 5 horas 16 minutos en terminar una carrera. Su tiempo en el marcador a mitad del camino era de 2 horas 49 minutos. ¿Cuánto tiempo tardó Amber en completar la segunda mitad de la carrera?

5 h 16 min	
2 h 49 min	?

1 h = _____ min, por tanto, 5 h 16 min = 4 h _____ min

4 h 76 min − 2 h 49 min = _____

2. **Razonar** Jeremy usa 18 pulgadas de cordel para cada caja que empaca para su envío. ¿Cuántas yardas de cordel necesita para envolver 5 cajas?

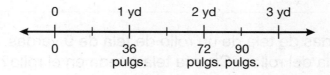

Resolver problemas de medición

En el Ejercicio **1**, usa el diagrama de abajo para ayudarte a resolver el problema.

1. Tawny tiene $2\frac{1}{2}$ pintas de jugo. Los vasos de jugo que usará tienen una capacidad de 5 onzas líquidas. ¿Cuántos vasos puede llenar con jugo?

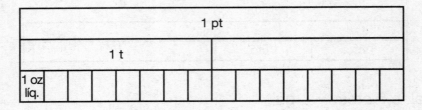

_____

En los Ejercicios **2** a **5**, dibuja un diagrama como ayuda para resolver cada problema.

2. **Razonar** La pista de una carrera mide 10 kilómetros de longitud. Se colocarán marcadores al principio y al final de la pista y uno cada 500 metros. ¿Cuántos marcadores se necesitarán para marcar la pista de la carrera?

_____

3. El lunes, los estudiantes de un campamento de verano pasaron 4 horas 25 minutos en la piscina aprendiendo a nadar. En la mañana pasaron 2 horas 48 minutos en la piscina. ¿Cuánto tiempo pasaron los estudiantes en la piscina en la tarde?

_____

4. **Perseverar** La masa de un tigre del zoológico es de 135 kilogramos. El gato de Randy tiene una masa de 5,000 gramos. ¿Cuántas veces mayor es la masa del tigre que la masa del gato de Randy?

_____

5. Lou corta $2\frac{1}{3}$ yardas de tela de un rollo de tela de 9 yardas. Luego corta 4 pies más de tela del rollo. ¿Cuánta tela queda en el rollo?

A $3\frac{2}{3}$ yd   **B** $5\frac{1}{3}$ yd   **C** $6\frac{1}{3}$ yd   **D** $6\frac{2}{3}$ yd

Resolver problemas sobre dinero

Christine compra un pan en la panadería que cuesta $3.59.
Paga por el pan con un billete de $5. ¿Cuánto recibe de cambio?

Primero, empieza con el costo del pan. Usa monedas y billetes hasta
que llegues a la cantidad que pagó Christine.

$3.59 → $3.60 → $3.65 → $3.75 → $4.00 → $5.00

Segundo, cuenta el cambio. Cuenta monedas y billetes en orden inverso.
$1.00 → $1.25 → $1.35 → $1.40 → $1.41

El cambio de Christine es $1.41.

Haz una lista de las monedas y los billetes que usarías para calcular la
cantidad de cambio para cada situación. Luego di la cantidad de cambio.

1. Bryce compró un mapa que cuesta $7.35. Usó un billete de
   $10 para pagar el mapa. ¿Cuánto es su cambio?

   _____

2. Nora compró un par de tenis para correr que cuestan $34.29. Pagó
   por los tenis con dos billetes de $20. ¿Cuánto recibe de cambio?

   _____

3. **Razonar** Orlando compró algunos abarrotes que cuestan un total
   de $22.68. Usó un billete de $20 y un billete de $10 para pagar los
   abarrotes. ¿Cuáles son dos maneras diferentes en que podría recibir
   su cambio? ¿Cuál es su cambio?

   _____

   _____

Resolver problemas sobre dinero

Indica la cantidad de cambio para cada situación.

1. Kyle compró un DVD que cuesta $19.23, incluido el impuesto. Le dio al vendedor un billete de $20. ¿Cuánto cambio debe recibir Kyle?

_____

2. **Cálculo mental** Sean usa un billete de $5 y dos monedas de 25¢ para pagar una taza de recuerdo que cuesta $4.35. ¿Cuál es su cambio?

_____

3. Zooey compró una patineta nueva que cuesta $36.79. ¿Cuánto cambio recibió si pagó por la patineta con dos billetes de $20?

_____

4. **Razonar** Vince compra un tren a escala que cuesta $6.55. ¿Por qué le daría al vendedor un billete de $10 y una moneda de 5 centavos? ¿Cuál es su cambio?

_____

5. **Evaluar el razonamiento** Julia gastó $7.36 en el almuerzo. Le dio al cajero dos billetes de $5 para pagar la cuenta y recibió $2.54 de cambio. ¿Recibió el cambio correcto? Explica tu respuesta.

_____

6. **Razonar** Brad pagó por un libro que cuesta $13.40 con un billete de $20. ¿Cuál es la combinación menor de monedas y billetes que él puede usar para calcular su cambio? ¿Cuáles son otras combinaciones diferentes de monedas y billetes que puede usar para calcular el cambio?

_____

_____

7. Emma compra un juego por $26.84. Paga por el juego con un billete de $20 y dos billetes de $5. ¿Cuánto cambio debe recibir?

   A $1.84   **B** $3.16   **C** $3.26   **D** $3.84

Resolver problemas sobre diagramas de puntos

Ocho personas de una clase midieron la longitud de sus pasos y obtuvieron las mediciones siguientes: 1.6 pies, 1.8 pies, 1.9 pies, 1.7 pies, 1.9 pies, 1.8 pies, 1.8 pies y 1.7 pies.

Dibuja una recta numérica. Empieza con la medición menor y termina con la medición mayor.

```
◄─┬────┬────┬────┬─►
 1.6   1.7   1.8   1.9
```

¿Cuál es la longitud de paso más común?

¿Cuál es la diferencia entre la longitud de paso más larga y la longitud de paso más corta?

Anota tus datos en el diagrama de puntos. Usa X para mostrar cada medición. Da al diagrama de puntos un título.

Longitud de los pasos en pies

```
                 X
           X     X     X
     X     X     X     X
◄─┬────┬────┬────┬─►
 1.6   1.7   1.8   1.9
```

Puedes trazar un diagrama de puntos para averiguarlo.

La longitud de paso más común es 1.8 pies. La diferencia entre la longitud de paso más larga y la longitud de paso más corta es 0.3 pies.

En los Ejercicios **1** a **3**, usa el conjunto de datos siguiente que lista el número de libros que cada estudiante de la clase del señor Kent leyó en el último mes.

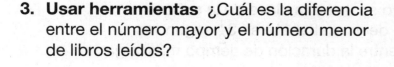

$2, 2\frac{1}{2}, 3\frac{1}{2}, 3, 4, 3\frac{1}{2}, 2, 3\frac{1}{2}, 4, 3\frac{1}{2}, 4\frac{1}{2}, 3\frac{1}{2}$

1. Traza un diagrama de puntos de los datos.

2. ¿Cuál es el número más común de libros leídos en el último mes?

   _____

3. **Usar herramientas** ¿Cuál es la diferencia entre el número mayor y el número menor de libros leídos?

   _____

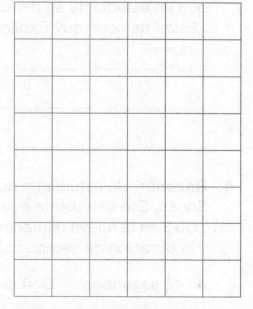

Resolver problemas sobre diagramas de puntos

En los Ejercicios **1** a **4**, usa el siguiente conjunto de datos que muestra la duración del tiempo en segundos que cada estudiante de la clase de la señora Sousa se demora en decir el alfabeto.

$5, 4, 4\frac{1}{2}, 6, 5, 6\frac{1}{2}, 5\frac{1}{2}, 7, 5\frac{1}{2}, 7\frac{1}{2}, 6, 4\frac{1}{2}, 4\frac{1}{2}, 4\frac{1}{2}, 4, 6, 4\frac{1}{2}, 5\frac{1}{2}, 5, 6\frac{1}{2}$

1. Traza un diagrama de puntos de los datos.

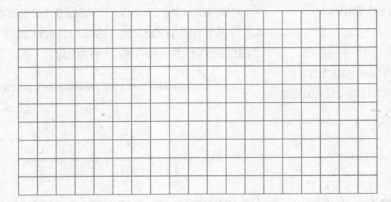

2. Usar herramientas ¿Cuál es el tiempo más común que un estudiante se demora en decir el alfabeto?

_____

3. Escribir para explicar Yuri dice que la diferencia entre la cantidad de tiempo más corta y la cantidad de tiempo más larga que un estudiante se demora en decir el alfabeto es $4\frac{1}{2}$ segundos. ¿Estás de acuerdo? Explica tu respuesta.

_____

_____

_____

4. Razonar Un estudiante nuevo se une a la clase de la señora Sousa. Ese estudiante puede decir el alfabeto en $3\frac{1}{2}$ segundos. ¿Cuál es la nueva diferencia entre la duración de tiempo más larga y la duración de tiempo más corta?

A $4\frac{1}{2}$ segundos   **B** 4 segundos   **C** $3\frac{1}{2}$ segundos   **D** 3 segundos

Resolución de problemas: Resolver un problema más sencillo y hacer una tabla

Cuadrados Un estudiante está haciendo un patrón de cuadrados con bolitas de algodón. Cada unidad de un lado del patrón está hecha con 2 bolitas de algodón. ¿Cuántas bolitas de algodón necesitará el estudiante para hacer un patrón que mida 4 unidades de alto y 4 unidades de ancho?

1 unidad

Lee y comprende

Paso 1: ¿Qué sabes?
Hay 2 bolitas de algodón en cada unidad. El cuadrado mide 4 unidades de alto y 4 unidades de ancho.

Paso 2: ¿Qué tratas de hallar?
La cantidad de bolitas de algodón que se necesitan en total.

Planea y resuelve

Paso 3: ¿Qué estrategia usarás?

Estrategia: Resolver un problema más sencillo

Problema 1: ¿Cuántas bolitas de algodón se necesitan para un cuadrado de 1 unidad por 1 unidad?

Se necesitan 8 bolitas de algodón para un cuadrado de 1 unidad.

Problema 2: ¿Cuántas bolitas de algodón se necesitan para un cuadrado de 2 unidades por 2 unidades?

Se necesitan 16 bolitas de algodón para un cuadrado de 2 unidades.

Por cada unidad de un lado, hay 2 bolitas de algodón.
Siempre hay 4 lados; por tanto, el patrón es el número de unidades de cada lado, multiplicado por 2 bolitas de algodón, multiplicado por 4 lados.

Unidades cuadradas	1×1	2×2	4×4
Bolitas de algodón que se necesitan	8	16	32

Vuelve atrás y comprueba

Paso 4: ¿Está correcto tu trabajo?
Sí; todos mis cálculos son correctos y vi el patrón correcto.

1. Joan trabaja 6 horas cada día de lunes a viernes y 8 horas en total los fines de semana. Gana $6 por hora en un día laboral y $9 por hora en los fines de semana. ¿Cuánto dinero gana cada semana?

_____

_____

Resolución de problemas: Resolver un problema más sencillo y hacer una tabla

Sam necesita cortar una chapa de metal en 8 pedazos. Tarda 5 minutos en hacer cada corte.

1. ¿Cuántos cortes hará Sam? _____

2. **Escribir para explicar** ¿Cómo te ayudaría hacer una tabla a hallar el número de minutos que le tomó a Sam cortar la chapa de metal en 8 pedazos?

_____

_____

3. ¿Cuánto tardará Sam en cortar la chapa de metal en 8 pedazos? Escribe tu respuesta en una oración completa.

_____

Sarah está en una fiesta de pijamas con sus 11 amigas y están contando relatos de miedo. Se separan en 3 grupos y cada una cuenta un relato. Cada miembro del grupo habla durante 3 minutos.

4. ¿Cuántas personas hay en cada grupo? _____

5. ¿Cuántos minutos tarda cada grupo en contar un relato? _____

6. ¿Cuántos minutos tardan los tres grupos en contar sus relatos? _____

7. Si Sarah dividiera a sus amigas en 4 grupos y cada persona tuviera la misma cantidad de tiempo para hablar, ¿cuánto tardarían en contar los relatos?

   A 16 minutos   **B** 36 minutos   **C** 48 minutos   **D** 144 minutos

Puntos, rectas y planos

Éstos son algunos términos geométricos importantes.

Punto
Un punto es una
ubicación exacta
en el espacio.
Este punto es X.

Recta
Una recta es una sucesión
derecha de puntos que se
extiende infinitamente en
dos direcciones. Ésta es
la recta *AB*.

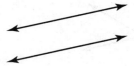

Rectas paralelas
Las rectas paralelas
nunca se intersecan.

Rectas intersecantes
Las rectas intersecantes
pasan por el mismo punto.

Rectas perpendiculares
Rectas intersecantes que
forman ángulos rectos.

Usa términos geométricos para describir lo que se muestra. Sé lo más específico
que puedas.

1.

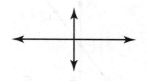

_____

_____

2.

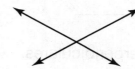

_____

_____

3.

_____

_____

4. Nombra tres rectas diferentes.

_____

5. Nombra dos rectas paralelas diferentes.

_____

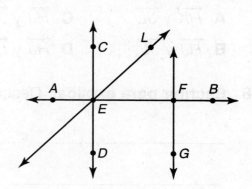

Puntos, rectas y planos

Usa términos geométricos para describir lo que se muestra. Sé lo más específico que puedas.

1.

_____

2.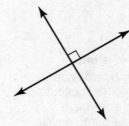

_____

3.

_____

4.

_____

En los Ejercicios **5** a **7**, usa los diagramas de la derecha.

5. Nombra dos rectas.

_____

6. Nombra dos rectas que sean perpendiculares.

_____

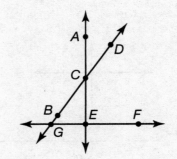

7. ¿Qué dos rectas son paralelas?

A $\overleftrightarrow{HK}$ y $\overleftrightarrow{JL}$ **C** $\overleftrightarrow{HJ}$ y $\overleftrightarrow{JK}$

B $\overleftrightarrow{HJ}$ y $\overleftrightarrow{JL}$ **D** $\overleftrightarrow{HJ}$ y $\overleftrightarrow{LM}$

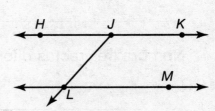

8. Escribir para explicar Describe un punto.

_____

_____

Nombre _____

Segmentos de recta, semirrectas y ángulos

Éstos son algunos términos geométricos importantes.

Segmento de recta
Un segmento de recta es parte de una recta. Tiene dos extremos. Éste es el segmento de recta $\overline{XY}$.

Semirrecta
Una semirrecta es parte de una recta. Tiene un extremo y se extiende infinitamente en una sola dirección. Ésta es la semirrecta $\overrightarrow{AB}$.

Ángulo recto
Un ángulo recto es una esquina cuadrada, o un ángulo que mide 90°.

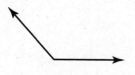

Ángulo Obtuso
Un ángulo obtuso es mayor que un ángulo recto.

Ángulo agudo
Un ángulo recto es menor que un ángulo recto.

Ángulo llano
Un ángulo llano mide 180°.

Usa términos geométricos para describir lo que se muestra. Sé lo más específico que puedas.

1.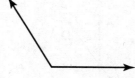

2.

3.

_____   _____   _____

_____   _____   _____

4. Nombra tres semirrectas diferentes.

_____

5. Nombra dos segmentos de recta diferentes.

_____

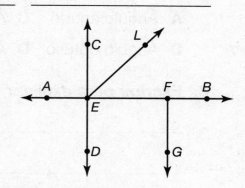

Nombre _____

Segmentos de recta, semirrectas y ángulos

Usa términos geométricos para describir lo que se muestra. Sé lo más específico que puedas.

1.

_____

2.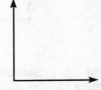

_____

3.

_____

4.

_____

En los Ejercicios **5** a **7**, usa el diagrama de la derecha.

5. Nombra dos segmentos de recta.

_____

6. Nombra dos ángulos obtusos.

_____

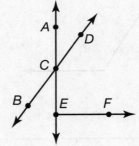

7. ¿Cuál es el término geométrico para el ángulo *HJK*?

A Ángulo agudo   **C** Ángulo recto

B Ángulo obtuso   **D** Ángulo llano

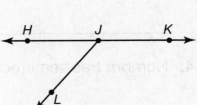

8. Escribir para explicar Describe un ángulo agudo.

_____

_____

Ángulos y ángulos de un grado sexagesimal

Puedes hallar la medida de un ángulo usando fracciones de un círculo.

El ángulo es $\frac{1}{6}$ de este círculo.

¿Cuál es la medida de este ángulo?

Divide para hallar la medida del ángulo de $\frac{1}{6}$ de un círculo.

Recuerda, $\frac{1}{6}$ significa 1 de 6 partes iguales, por tanto, divide por 6 para hallar la medida del ángulo.

Número de grados
en un círculo entero ———→ $360° \div 6 = 60°$ ←——— Número de grados en el ángulo.

La medida de este ángulo es ___60___ grados.

En el Ejercicio **1**, muestra tu trabajo para hallar la medida del ángulo.

1. **Usar la estructura** Un círculo está dividido en 9 partes iguales.

   ¿Cuál es la medida de este ángulo?

   Escribe una ecuación usando la división para hallar la medida del ángulo.

   _____ ÷ _____ = _____

   La medida de este ángulo es _____ grados.

2. Janie cortó una tajada redonda de una sandía en 5 pedazos iguales.
   ¿Cuál es el ángulo de cada tajada? Usa fracciones equivalentes.

   La medida de este ángulo es _____ grados.

3. Frank cortó un pastel en 10 pedazos iguales. Sólo sobran 3 pedazos. ¿Cuál es la medida del ángulo de los 3 pedazos que sobran? _____.

4. María cortó una pizza en 8 porciones iguales. Puso una porción de pizza en tres platos. ¿Cuál es la medida del ángulo de las porciones que sobran? _____.

Ángulos y ángulos de un grado sexagesimal

En los Ejercicios **1** a **3**, halla la medida de cada ángulo.

1. El ángulo es $\frac{1}{12}$ del círculo.

_____ grados

2. Un círculo está dividido en 20 partes iguales. ¿Cuál es la medida del ángulo de tres de esas partes?

_____ grados

3. Un círculo está dividido en 9 partes iguales. ¿Cuál es la medida del ángulo de dos de esas partes?

_____ grados

4. Razonar Kurt corta pizzas en porciones que miden 40 grados. Si cada persona se come una porción de pizza, ¿cuántas personas podrían alimentarse con dos pizzas enteras?

_____

5. Sam cortó un pastel en pedazos iguales. Sólo sobran 3 pedazos. La medida del ángulo de los tres pedazos es 72°. ¿En cuántos pedazos cortó el pastel Sam?

_____

6. Escribir para explicar Un círculo está dividido en 18 partes iguales. ¿Cuántos grados tiene el ángulo de cada parte? ¿Cuántos grados tiene el ángulo de 5 partes? Explícalo.

_____

_____

7. Brian cortó una pizza redonda extra grande en 12 porciones. Se comieron siete de las porciones. ¿Qué ángulo de medida sobra de la pizza?

A 30°   **B** 120°   **C** 150°   **D** 210°

Medir con ángulos de un grado sexagesimal

Puedes usar un ángulo que conozcas para hallar la medida de un ángulo que no conoces. Usa el ángulo más pequeño del bloque de patrón beige. Tiene una medida de 30°.

Halla la medida del ángulo de abajo.

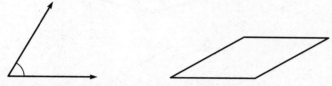

Dos de los ángulos de 30° caben en el ángulo.

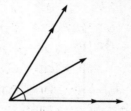

Suma: 30° + 30° = 60°. La medida de este ángulo es 60°.

Usa el bloque de patrón beige para hallar la medida del ángulo. Dibuja rectas para mostrar cuántos ángulos de 30° caben en el ángulo.

1.

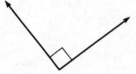

_____

2. Hacerlo con precisión Explica cómo hallaste la medida del ángulo.

_____

_____

_____

_____

Medir con ángulos de un grado sexagesimal

En los Ejercicios **1** a **5**, halla la medida de cada ángulo.
Usa bloques de patrón como ayuda.

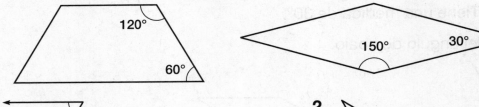

1.  _____

2.  _____

3.  _____

4.  _____

5. ¿Cuál es la medida de este ángulo?

  A 105°   **B** 120°   **C** 135°   **D** 150°

6. Comunicarse Explica cómo hallaste la medida del ángulo
del Ejercicio 3. Usa dibujos, palabras y números en tu
explicación.

_____

_____

_____

Medir ángulos

Un ángulo se forma con dos segmentos de recta que se encuentran en un extremo común llamado vértice. El ángulo se mide en **grados (°)**.

Un ángulo se puede medir o crear usando un **transportador**.

Para medir un ángulo:

Coloca el centro del transportador en el vértice del ángulo y la marca de 0° en una de las semirrectas del ángulo. Lee el número en grados en el lugar donde la otra semirrecta del ángulo cruza el transportador.

Para crear un ángulo:

Dibuja un punto para mostrar el vértice del ángulo. Coloca el centro del transportador en el punto del vértice. Dibuja otro punto en la marca de 0° y otro punto en la marca de grados del ángulo. Dibuja semirrectas desde el vértice a través de los otros puntos.

En los Ejercicios **1** a **3**, mide los ángulos.

1.

_____

2.

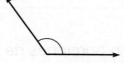

_____

3.

_____

En los Ejercicios **4** a **9**, dibuja los ángulos.

4. 65°

5. 90°

6. 145°

7. 75°

8. 135°

9. 180°

Medir ángulos

En los Ejercicios **1** a **4**, usa un transportador para medir los ángulos.

1. _____   2. _____   3. _____   4. _____

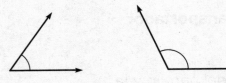

En los Ejercicios **5** a **8**, dibuja los ángulos.

5. 45°   6. 150°   7. 60°   8. 180°

9. Rich tiene 3 porciones de pizza. Cada extremo de la pizza forma un ángulo de 20°. Si se juntaran todas las porciones, ¿cuál sería la medida del ángulo?

_____

10. Stuart, Sam, Sue y Sally tienen porciones de pastel de igual tamaño. Cuando se juntan las 4 porciones, forman un ángulo de 100°. ¿Cuál es el ángulo de cada porción?

A 100°   **B** 50°   **C** 25°   **D** 15°

11. **Escribir para explicar** Gail y sus 3 amigas comparten medio pastel. Gail y sus amigas comen una porción igual cada una. Creen que cada porción tiene un ángulo igual a 25°. ¿Son correctos sus cálculos? Explícalo.

_____

_____

_____

Sumar y restar medidas de ángulos

Puedes sumar para hallar las medidas de ángulos.

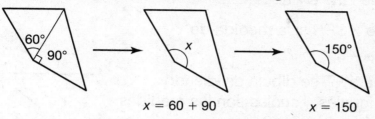

$x = 60 + 90$ $x = 150$

Puedes restar para hallar las medidas de ángulos.

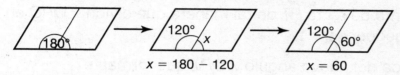

$x = 180 - 120$ $x = 60$

Los ángulos *TUW* y *WUV*, juntos, forman el ángulo más grande, *TUV*. Suma o resta. Escribe la medida del ángulo que falta.

Medida del ángulo (°)

	∠*TUW*	∠*WUV*	∠*TUV*
1.	120	45	
2.	105		155
3.	100		170
4.		25	150
5.	112	36	

6. **Razonar** Usa el dibujo de la derecha. Julia está haciendo un mosaico. Coloca dos piezas a lo largo de una orilla como se muestra. Necesita una tercera pieza para llenar el espacio entre estas dos piezas. ¿Qué medida de ángulo en la esquina necesita tener la tercera pieza para llenar el espacio sin dejar huecos?

_____

_____

Sumar y restar medidas de ángulos

Usa el diagrama. Suma o resta para hallar la medida del ángulo.

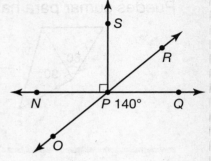

1. ¿Cuál es la medida de ∠NPO? _____

2. ¿Cuál es la medida de ∠SPR si la medida de ∠RPQ es 40°? _____

3. Si un segmento de recta PT se dibuja dividiendo ∠SPN en dos partes iguales, ¿cuáles son las medidas de los dos ángulos más pequeños? _____

4. Usa el diagrama.

   a. Dibuja un segmento de recta PT de tal manera que divida ∠OPQ en dos partes más pequeñas.

   b. ¿Cuál es la medida del nuevo ángulo ∠OPT que formaste?

   _____

   _____

   c. Escribe una ecuación y resuélvela para hallar la medida de ∠TPQ.

   _____

   _____

5. ∠CMW y ∠WML juntos forman ∠CML. ∠CMW es un ángulo recto. ¿Qué debe ser verdadero sobre ∠CML?

   A Es un ángulo obtuso.

   B Es un ángulo llano.

   C Su medida es mayor que 90°.

   D Su medida es mayor que 180°.

6. **Escribir para explicar** Usa el diagrama de arriba. Shane ve que ∠OPN y ∠SPR son ambos ángulos más pequeños dentro de ∠OPR, un ángulo llano. Dice que puedes restar la medida de ∠OPN de 180 para hallar la medida de ∠SPR. ¿Tiene razón? Explícalo.

   _____

   _____

   _____

Polígonos

Los polígonos son figuras planas cerradas, formadas por segmentos de recta. Todos los segmentos de rectas se conectan. Todos los lados de un polígono son rectos, no curvos.

Polígono
Figura cerrada formada por segmentos de recta.

No es un polígono
No es una figura cerrada.

No es un polígono
No todos los lados son segmentos de recta.

Éstos son algunos polígonos comunes. Observa que los lados de los polígonos no tienen que ser todos del mismo largo.

Octágono
8 lados

Hexágono
6 lados

Pentágono
5 lados

Cuadrilátero
4 lados

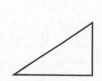

Triángulo
3 lados

Dibuja un ejemplo de cada tipo de polígono.
¿Cuántos lados y vértices tiene cada uno?

1. Hexágono

_____

2. Cuadrilátero

_____

3. Pentágono

_____

4. Octágono

_____

Polígonos

Dibuja un ejemplo de cada polígono. ¿Cuántos lados y vértices tiene cada uno?

1. Cuadrilátero

2. Octágono

3. Hexágono

_____   _____   _____

El mapa muestra las figuras de los edificios en el Parque de los Polígonos. Identifica los polígonos que tienen letras.

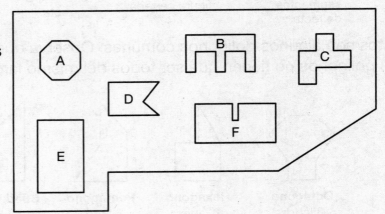

4. A

_____

5. D

_____

6. C

_____

7. B

_____

8. E

_____

9. F

_____

10. ¿Cuál es el punto en el que se encuentran los lados en un polígono?

A Arista   **B** Extremo   **C** Lado   **D** Vértice

11. **Escribir para explicar** Describe dos polígonos según el número de vértices y lados que tiene cada uno.

_____

Triángulos

Triángulo equilátero
Todos los lados tienen
la misma longitud.

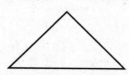

Triángulo isósceles
Al menos dos lados
tienen la misma
longitud.

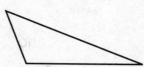

Triángulo escaleno
Ningún lado tiene
la misma longitud.

Triángulo rectángulo
Uno de sus ángulos
es un ángulo recto.

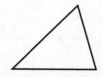

Triángulo acutángulo
Sus tres ángulos
son agudos.

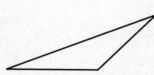

Triángulo obtusángulo
Uno de sus ángulos
es obtuso.

Clasifica cada triángulo según sus lados y luego según sus ángulos.

1.

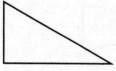

_____

2.

_____

3.

_____

4.

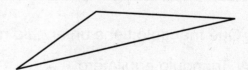

_____

Triángulos

Clasifica cada triángulo según sus lados y luego según sus ángulos.

1.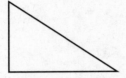

_____

2.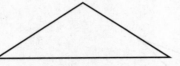

_____

3.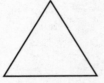

_____

Escribe el nombre de cada triángulo.

4.   **5.**

_____ _____

6. ¿Qué triángulo tiene un ángulo recto?

   A Triángulo equilátero   **C** Triángulo rectángulo

   B Triángulo obtusángulo   **D** Triángulo acutángulo

7. **Escribir para explicar** ¿Por qué un triángulo no puede tener más de un ángulo obtuso?

_____

_____

_____

Cuadriláteros

Cuadrado
Tiene cuatro ángulos rectos y todos los lados tienen la misma longitud.

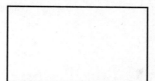

Rectángulo
Tiene cuatro ángulos rectos.

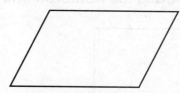

Paralelogramo
Los lados opuestos son paralelos.

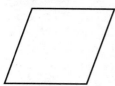

Rombo
Los lados opuestos son paralelos y todos los lados tienen la misma longitud.

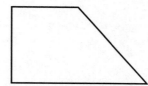

Trapecio
Tiene sólo un par de lados paralelos.

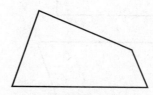

Cuadrilátero
Un polígono que tiene 4 lados.

Escribe el nombre de cada cuadrilátero.

1.

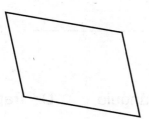

_____

2.

_____

3.

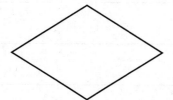

_____

4.

_____

Cuadriláteros

Escribe todos los nombres que puedes usar para cada uno de los cuadriláteros.

1.

_____

2.

_____

3.

_____

4.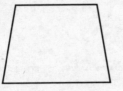

5.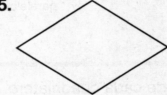

_____   _____

6. ¿Cuál **NO** es un cuadrilátero?

A Rombo   **B** Rectángulo   **C** Triángulo rectángulo   **D** Trapecio

7. Escribir para explicar Explica por qué un cuadrado nunca puede ser un trapecio.

_____

_____

_____

Simetría axial

Las figuras simétricas son figuras que se pueden doblar en dos mitades que son congruentes. Las líneas que dividen una figura simétrica en dos mitades congruentes se llaman ejes de simetría.

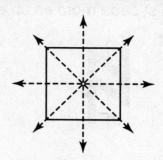

Este cuadrado tiene 4 ejes de simetría. Si doblas el cuadrado a lo largo de cualquiera de las 4 rectas discontinuas, las dos mitades coincidirán.

Di si cada línea es un eje de simetría.

1.

2.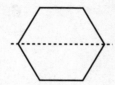

3.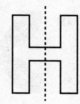

4.

_____   _____   _____   _____

Di cuántos ejes de simetría tiene cada figura.

5.

6.

7.

8.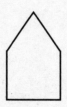

_____   _____   _____   _____

9. **Razonamiento** ¿Cuántos ejes de simetría tiene   _____
   la letra R?

10. Completa el dibujo de modo que la figura sea simétrica.

Nombre _____

Simetría axial

Di si cada recta es un eje de simetría.

1.

_____

2.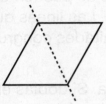

_____

3.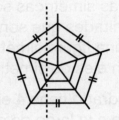

_____

Di cuántos ejes de simetría tiene cada figura.

4.

_____

5.

_____

6.

_____

7. Dibuja ejes de simetría.

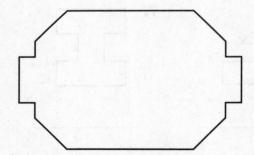

8. ¿Cuántos ejes de simetría tiene un rombo que no es un cuadrado?

A 0   **B** 1   **C** 2   **D** 3

9. **Escribir para explicar** Explica por qué un cuadrado es siempre simétrico.

_____

_____

_____

Resolución de problemas:
Hacer generalizaciones y comprobarlas

Cuando haces una generalización, haces un enunciado amplio sobre algo que un grupo tiene en común. Una generalización te ayuda a hallar patrones. Cuando haces una generalización, es importante comprobarla para estar seguro de que es correcta.

Ejemplo: $1 \times 24 = 24$ $1 \times 93 = 93$
$1 \times 126 = 126$

Generalización: Un número multiplicado por 1 es él mismo.

Prueba: Si multiplico un número diferente por 1, también es igual a sí mismo. Por ejemplo, $1 \times 2 = 2$; $1 \times 3 = 3$; $1 \times 4 = 4$, etc; cualquier número multiplicado por 1 es él mismo. Mi generalización es correcta.

En algunos casos, es posible hallar más de una generalización correcta.

Ejemplo: Jessica encontró un lápiz rojo, 3 bolígrafos rojos y 2 marcadores rojos en su mochila.

Generalización #1: Todas las cosas que Jessica encontró son instrumentos para escribir.

Generalización #2: Todas las cosas que Jessica encontró son rojas.

Prueba: Puedo escribir con un lápiz, un bolígrafo y un marcador. También, el lápiz, los bolígrafos y los marcadores son rojos. Mis generalizaciones son correctas.

---

1. Randy tiene 2 pelotas de tenis, 6 canicas y 1 naranja en el cajón de su escritorio. ¿Qué generalización puedes hacer sobre estas cosas?

   _____

2. Esta semana, Sandy estuvo enferma el lunes y el martes. La semana pasada, Jared estuvo enfermo el jueves y el viernes. La semana anterior, Elisa estuvo enferma el miércoles y el jueves. ¿Qué generalización puedes hacer sobre las ausencias de estos tres estudiantes? ¿Puedes hacer una segunda generalización?

   _____

3. Escribe los primeros tres múltiplos de 15, 20 y 25. ¿Qué generalización puedes hacer sobre todos los múltiplos de 5?

   _____

Resolución de problemas:
Hacer generalizaciones y comprobarlas

En los Ejercicios **1** a **3**, usa las imágenes para hacer una
generalización y comprobar tu respuesta.

1.

_____

_____

2.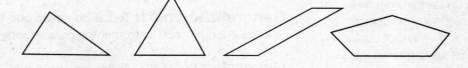

_____

_____

3.

_____

_____

4. ¿Cuál de los siguientes enunciados es una buena
generalización sobre todos los polígonos?

A Todos los polígonos tienen ángulos rectos.

B Todos los polígonos son figuras cerradas.

C Todos los polígonos tienen lados paralelos.

D Todos los polígonos son cuadriláteros.

5. Escribir para explicar Trata de dibujar un triángulo que
tenga 2 ángulos rectos u obtusos. ¿Qué generalizaciones
puedes hacer sobre los ángulos de un triángulo? Explícalo.

_____

_____

La propiedad distributiva

Puedes usar la propiedad distributiva para multiplicar mentalmente.

Ejemplo A. Evalúa 7×53.

$$7 \times 53$$

Descompón 53 en $50 + 3$. $7 \times (50 + 3)$

Luego distribuye el 7 a cada parte. $(7 \times 50) + (7 \times 3)$

Multiplica. $350 + 21$

Suma los productos. 371

Ejemplo B. Evalúa $5(42) - 5(2)$. Recuerda: $5(42)$ significa 5×42.

Usa la propiedad distributiva a la inversa. $5(42) - 5(2)$

Une 42 y 2 usando el signo de menos. $5(42 - 2)$

Resta. 5×40

Multiplica la diferencia por 5. 200

Halla cada número de falta.

1. $8 \times (30 + 2) = (8 \times \rule{1.5cm}{0.15mm}) + (8 \times 2)$ **2.** $(6 \times \rule{1.5cm}{0.15mm}) - (6 \times 7) = 6 \times (37 - 7)$

3. $8(28) = 8(20) + 8(\rule{1.5cm}{0.15mm})$ **4.** $3(22) + 3(4) = 3(\rule{1.5cm}{0.15mm}) + 3(6)$

Usa la propiedad distributiva y el cálculo mental para evaluar.

5. $6(24)$ _____ **6.** $4(13) - 4(3)$ _____

7. $7(24 + 6)$ _____ **8.** $2(72)$ _____

9. $9(12) + 9(3)$ _____ **10.** $5(24 - 3)$ _____

11. Sentido numérico ¿Cuáles son otras dos maneras de escribir $9(46)$?

_____

La propiedad distributiva

Halla cada número que falta.

1. $8 \times (30 + 2) = (8 \times \underline{\hspace{1cm}}) + (8 \times 2)$

2. $8(94) = 8(\underline{\hspace{1cm}}) + 8(4)$

3. $5(45 + 5) = 5(\underline{\hspace{1cm}})$

4. $9(42) - 9(4) = 9(30) + 9(\underline{\hspace{1cm}})$

Usa la propiedad distributiva y el cálculo mental para evaluar.

5. $3(58 - 8)$ _____

6. $7(31 + 19)$ _____

7. $9(72)$ _____

8. $4(26) - 4(16)$ _____

9. $8(41) + 8(5)$ _____

10. $5(22 - 5)$

11. Describe los pasos del cálculo mental que usarías para hallar $7(42)$.

_____

_____

12. **Sentido numérico** Calcula mentalmente para evaluar la expresión $6(31) + 6(4) - 6(15)$.

_____

13. **Geometría** Escribe una expresión para el área de este rectángulo. Evalúa tu expresión para hallar el área.

```
          20 cm        4 cm
      ┌───────────────┬────┐
 8 cm │               │    │
      └───────────────┴────┘
```

_____

14. **Álgebra** ¿Qué expresión es igual a $12m + 12n$?

    A $12mn$

    B $12m + n$

    C $12m - 12n$

    D $12(m + n)$

Usar variables para escribir expresiones

Una variable representa una cantidad que puede cambiar. Para usar una variable para escribir una expresión algebraica, necesitas decidir qué operación es apropiada. Para ayudarte, abajo se muestran algunas palabras y frases.

Frase en palabras	Variable	Operación	Expresión algebraica
diez **más que** un número b	b	Suma	$b + 10$
la **suma** de 8 y un número c	c		$8 + c$
cinco **menos que** un número d	d	Resta	$d - 5$
15 **disminuido por** un número e	e		$15 - e$
el **producto** de 8 y un número f	f	Multiplicación	$8f$
19 **veces** un número g	g		$19g$
el cociente de un número h **dividido por** 2	h	División	$h \div 2$
un número i **dividido entre** 50	i		$50 \div i$

Escribe cada expresión algebraica.

1. un número m **dividido por** 6 _____

2. la **suma** de 4 y un número n _____

3. 4 **veces** un número p _____

4. un número n **dividido entre** 7 _____

5. 3 **menos que** un número r _____

6. a uvas menos que 12 _____

7. q sándwiches a $8 cada uno _____

8. Cada estudiante de cuarto grado tiene 5 cuadernos. Escribe una expresión algebraica que represente el número de cuadernos que tiene toda la clase.

   Identifica la operación. _____   Escribe la expresión. _____

9. **Escribir para explicar** Escribe una expresión algebraica para representar la situación de abajo. Explica cómo la expresión se relaciona con la situación.

   Algunos monos comparten 7 plátanos por igual entre ellos.

   _____

   _____

Usar variables para escribir expresiones

Escribe cada expresión algebraica.

1. 4 más que un número b _____

2. dos veces un número a _____

3. 20 menos que un número c _____

4. el producto de 5 y un número d _____

5. 30 dividido por un número f _____

6. la suma de un número e y 3 _____

7. 9 franjas más que un número h _____

8. 14 sombreros menos que cinco veces un número i _____

9. Chad tiene $80. Compra un libro. ¿Qué expresión muestra cuánto dinero le sobra a Chad?

   A $s + 80$

   B $80 - s$

   C $80s$

   D $s \div 80$

10. Una cafetería tiene casetas y barra para sentarse. En cada caseta se pueden sentar 4 personas. Otras 20 personas se pueden sentar en la barra. ¿Qué expresión muestra cuántos clientes pueden sentarse en la cafetería?

    A $20b - 4$ B $20b + 4$ C $4b - 20$ D $4b + 20$

11. Sofía compró unos semilleros de cajón de margaritas. En cada cajón hay 6 margaritas. Sofía ha plantado 10 margaritas. ¿Es $9x + 10$ una manera razonable de representar el número de margaritas que le falta a Sofía por plantar? Explica tu respuesta.

    _____

    _____

    _____

Nombre _____

Usar patrones para dividir

Puedes usar operaciones básicas y patrones para dividir mentalmente.

Usar operaciones básicas	**Usar patrones**
¿Cuánto es $140 \div 70$?	¿Cuánto es $4,200 \div 70$?
Piensa: $140 \div 70$ es igual a 14 decenas $\div 7$ decenas.	$4,200 \div 70$ es igual a $420 \div 7$.
$14 \div 7 = 2$	Piensa: $42 \div 7 = 6$, por tanto $420 \div 7 = 60$.
Por tanto, $140 \div 70 = 2$.	Por tanto, $4,200 \div 70 = 60$.

Halla cada cociente. Calcula mentalmente.

1. $210 \div 70 =$ _____

2. $360 \div 30 =$ _____

3. $400 \div 80 =$ _____

4. $1,200 \div 60 =$ _____

5. $4,000 \div 40 =$ _____

6. $4,800 \div 80 =$ _____

7. $2,700 \div 30 =$ _____

8. $3,500 \div 50 =$ _____

9. Sentido numérico ¿Por qué es igual dividir 140 por 20 que dividir 1,400 por 200?

_____

_____

_____

10. Escribir para explicar Explica cómo calculas mentalmente para determinar que $28,000 \div 70 = 400$.

_____

_____

_____

Usar patrones para dividir

En los Ejercicios **1** a **4**, halla cada cociente. Calcula mentalmente.

1. $160 \div 40 = 16$ decenas $\div 4$ decenas $=$ _____

2. $6{,}300 \div 70 = 630$ decenas $\div 7$ decenas $=$ _____

3. $140 \div 70 = 14$ decenas $\div 7$ decenas $=$ _____

4. $3{,}700 \div 10 = 370$ decenas $\div 1$ decena $=$ _____

Calcula mentalmente para responder a las siguientes preguntas.

5. Si las latas están divididas equitativamente entre los estantes, ¿cuántas latas hay en cada estante?

_____

Almacenaje en el supermercado	
Latas para vender	1,200
Estantes de latas	10
Filas por estante	6

6. Si las latas están divididas equitativamente entre las filas en cada estante, ¿cuántas latas hay en cada fila?

_____

7. **Estimación** Supón que hay 387 pelotas en el gimnasio. Si en cada cubeta caben 48 pelotas, estima el número de cubetas que se necesitarán para guardar todas las pelotas.

_____

_____

8. **Álgebra** Si $300{,}000 \div h = 6$, ¿cuál es el valor de h?

   A 50   **B** 500   **C** 5,000   **D** 50,000

9. Resuelve la ecuación $n \times 50 = 5{,}000$. Explica tu solución.

_____

_____

Relacionar la numeración decimal y de números enteros

Los valores de posición de números enteros y valores de posición decimales se muestran abajo. Cada valor de posición a la izquierda es diez veces más que el valor de posición que está a su derecha.

Millares	Centenas	Decenas	Unidades	Decimal	Décimas	Centésimas	Milésimas
1,000	**100**	**10**	**1**	**.**	$0.1 = \frac{1}{10}$	$0.01 = \frac{1}{100}$	$0.001 = \frac{1}{1,000}$

Por ejemplo, 1 decena es igual 10 unidades.   En 1 décima hay 10 centésimas.

          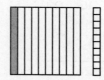

Escribe el valor de posición del dígito subrayado. Luego escribe el valor total del dígito subrayado.

1. 348.<u>6</u>05

valor de posición: _____

valor total: _____

2. <u>2</u>,348.56

valor de posición: _____

valor total: _____

3. 449.65<u>4</u>

valor de posición: _____

valor total: _____

4. 3<u>4</u>8.56

valor de posición: _____

valor total: _____

5. Sentido numérico ¿Tiene el 6 un valor mayor en 13.6 o en 83.06? Explícalo.

_____

_____

6. Escribir para explicar Cassie corrió una vuelta alrededor de la pista interior en 32.09 segundos. Corrió una segunda vuelta en 32.1 segundos. ¿Le tomó a Cassie más o menos tiempo correr la segunda vuelta? Explícalo.

_____

Relacionar la numeración decimal y de números enteros

Escribe el valor de posición del dígito subrayado.

1. 5,009.94<u>1</u>

2. 456.<u>9</u>6

3. 3,116.<u>8</u>52

_____

_____

_____

4. 2,440.50<u>4</u>

5. 599.0<u>4</u>

6. 387.5<u>6</u>9

_____

_____

_____

7. <u>6</u>98.07

8. <u>4</u>,456.87

9. 9<u>8</u>6.54

_____

_____

_____

10. ¿Qué número decimal tiene el mismo dígito en el lugar de las centésimas y en el de las centenas?

    A 145.54   **C** 965.439

    B 783.38   **D** 5,486.649

11. Donna compró 4.356 libras de queso. ¿Cuál es el valor de cada uno de los dígitos en 4.356?

_____

_____

_____

_____

12. ¿Qué opción es igual a 30 centésimas?

    A 3 milésimas   **C** 3 decenas

    B 3 décimas   **D** 3 millares

13. El promedio de la velocidad de Bill en la carrera de bicicletas fue de 29.215 millas por hora. ¿Cuál es el valor de posición del 1 en ese número?

_____

14. Kathy tiene 2 décimas de un dólar. Tom tiene 10 centésimas de un dólar. ¿Es mayor la cantidad de Kathy o de Tom?

_____

_____

Redondear números decimales

Puedes usar la recta numérica de abajo como ayuda para redondear 7.14 al número entero más cercano. ¿Está 7.14 más cerca de 7 u 8?

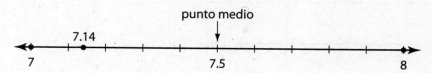

7.14 está a menos de medio camino de 8. Por tanto, 7.14 está más cerca de 7.

Una recta numérica puede ayudarte a redondear 8.762 a la décima más cercana. ¿Está 8.762 más cerca de 8.7 o de 8.8?

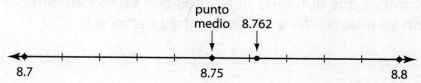

8.762 está a más de medio camino de 8.8. Por tanto, 8.762 está más cerca de 8.8.

Redondea cada número al lugar del dígito subrayado.

1. 0.7234

2. 4.526

_____

_____

3. 3.8629

4. 25.147

_____

_____

En los Ejercicios **5** y **6**, usa la tabla de la derecha.

5. Redondea el número de pulgadas de precipitación en Tallahassee a la décima más cercana.

Pulgadas de precipitación en 2007	
Daytona	45.02
Tallahassee	44.47
Orlando	38.49

_____

6. Redondea el número de pulgadas de precipitación en Orlando al número entero más cercano.

7. **Sentido numérico** Marc ganó $8.76 por hora trabajando en la biblioteca. redondea su salario a los diez centavos más cercanos.

_____

_____

Redondear números decimales

Redondea cada número al lugar del dígito subrayado.

1. 17.<u>2</u>3 _____

2. 56<u>9</u>.1 _____

3. 2.17<u>8</u>5 _____

4. 26.<u>0</u>62 _____

5. Razonar Nombra dos números diferentes que se redondeen
a 9.2 cuando se redondean a la décima más cercana.

_____

A principios del año 2007, un dólar estadounidense era equivalente a
aproximadamente 0.51 libras británicas y aproximadamente 1.17 dólares
canadienses. Redondea el equivalente al dólar estadounidense de cada
país a la décima de dólar más cercana.

6. Gran Bretaña _____

7. Canadá _____

A principios del año 2007, el precio del trigo era de $10.03 por fanega.
El precio del frijol de soya era de $11.93 por fanega. Redondea el
precio por fanega de trigo y frijol de soya al dólar entero más cercano.

8. Trigo _____

9. Frijol de soya _____

10. Sentido numérico ¿Qué número se redondea a 600 cuando
se redondea al número entero más cercano?

A 600.83   **B** 599.1   **C** 600.5   **D** 599.72

11. Escribe una definición del redondeo con tus propias palabras.

_____

_____

Estimar cocientes con divisores de 2 dígitos

Puedes usar números compatibles para estimar un cociente.

Estima $228 \div 19$.

Paso 1: Halla números compatibles de 228 y 19.

Piensa: 20 puede dividirse equitativamente por 2.

200 está cerca de 228 y 20 está cerca de 19.

200 y 20 son números compatibles.

Paso 2: Divide. Usa patrones como ayuda, si es posible.

Piensa: $200 \div 20$ es lo mismo que 20 decenas $\div$ 2 decenas.

$20 \div 2 = 10$
Por tanto, $200 \div 20 = 10$.

Usa números compatibles para estimar los cocientes.

1. $540 \div 91$ _____

2. $2{,}777 \div 74$ _____

3. $29{,}952 \div 98$ _____

4. $288 \div 37$ _____

5. $1{,}784 \div 32$ _____

6. $6{,}127 \div 32$ _____

En la escuela primaria Cambridge, los estudiantes de cuarto grado están ahorrando dinero para un viaje de verano a un parque de diversiones.

7. ¿La cantidad que Aubrey ha ahorrado es aproximadamente cuántas veces mayor que la cantidad que Joe ha ahorrado?

_____

_____

Estudiante	Cantidad ahorrada
Rebecca	$110
Joe	$ 92
Ken	$225
Atiyah	$ 53
Aubrey	$189

Estimar cocientes con divisores de 2 dígitos

En los Ejercicios **1** a **4**, usa números compatibles para estimar los cocientes.

1. $198 \div 41 =$ _____

2. $202 \div 52 =$ _____

3. $1,745 \div 63 =$ _____

4. $7,810 \div 22 =$ _____

5. Razonar ¿Cómo sabes que 8,100 y 90 NO son los mejores números compatibles para usar al estimar el cociente de $9,269 \div 88$?

_____

_____

_____

6. Supón que hay 18 niños en la fiesta de Georgi. El papá de Georgi tiene 59 globos y se los reparte a los niños. Estima el número de globos que recibirá cada niño.   _____

7. En una tienda de departamentos, un paquete de 8 camisetas cuesta $38. Estima cuánto cuesta cada camiseta.   _____

8. Sentido numérico ¿Qué opción es una mejor estimación de $1,219 \div 44$?

A 3   **B** 13   **C** 30   **D** 300

9. Explica cómo estimar $425 \div 8$.

_____

_____

_____

Nombre _____

Representar la suma y resta de números decimales

Sumar números decimales usando una cuadrícula de centésimas:

Suma 0.26 + 0.12.

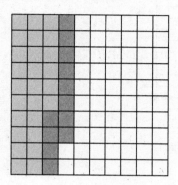

Paso 1: Sombrea 26 cuadrados para representar 0.26.

Paso 2: Usa un color diferente. Sombrea 12 cuadrados para representar 0.12.

Paso 3: Cuenta todos los cuadrados sombreados. ¿Cuántas centésimas están sombreadas en total? Escribe el número decimal del total de cuadrados sombreados: 0.38.

Por tanto, 0.26 + 0.12 = 0.38.

Restar números decimales usando una cuadrícula de centésimas:

Resta 0.52 − 0.33.

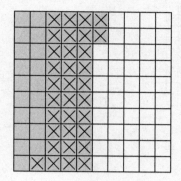

Paso 1: Sombrea 52 cuadrados para representar 0.52.

Paso 2: Tacha 33 cuadrados para representar 0.33.

Paso 3: Cuenta todos los cuadrados sombreados pero que no están tachados. Escribe el número decimal: 0.19.

Por tanto, 0.52 − 0.33 = 0.19.

Suma o resta. Usa cuadrículas de centésimas como ayuda.

1. 0.42 + 0.37 = _____

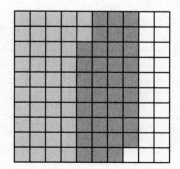

2. 0.37 − 0.31 = _____

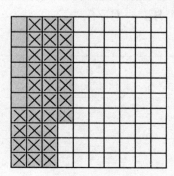

Nombre _____

Representar la suma y resta de números decimales

Suma o resta. Usa cuadrículas de centésimas si es necesario.

1. 0.24 + 0.53 = _____

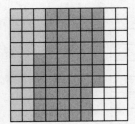

2. 0.24 − 0.18 = _____

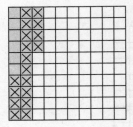

3. 0.88 + 0.25 = _____

4. 2.36 + 0.85 = _____

5. 0.61 − 0.47 = _____

6. 1.20 − 0.53 = _____

7. 2.20 − 1.97 = _____

8. 0.52 + 0.89 = _____

9. Sentido numérico ¿Es la diferencia de 2.45 − 1.54 menor que o mayor que 1? _____

10. Un frasco de orégano contiene 0.9 onzas. Un frasco de pimienta cayenne contiene 0.75 onzas. ¿Cuánto más contiene un frasco de orégano? _____

11. Suma: 1.75 + 1.29

   A 2.04   **B** 2.94   **C** 3.04   **D** 3.14

12. Explica cómo usar cuadrículas de centésimas para hallar 1.86 − 0.75.

_____

_____

_____

Nombre _____

Relacionar la división a la multiplicación de fracciones

¿Cómo puedes dividir por una fracción?

Dividir un número entero por una fracción.

$2 \div \frac{1}{3}$	Piensa: ¿Cómo puedo dividir dos en tercios?
1. Dos es la suma de uno más uno.	$2 \quad = \quad 1 \quad + \quad 1$
2. Cada uno es la suma de tres tercios.	$\frac{1}{3} + \frac{1}{3} + \frac{1}{3} \quad + \quad \frac{1}{3} + \frac{1}{3} + \frac{1}{3}$
3. Cuenta el número de tercios.	**6**
Comprueba Para dividir un número entero por una fracción, multiplica el número entero por el recíproco de la fracción.	$2 \div \frac{1}{3} = 2 \times \frac{3}{1} = \frac{2}{1} \times \frac{3}{1} = \frac{6}{1} = 6$

$3 \div \frac{3}{4}$	Piensa: ¿Cómo puedo dividir tres en tres cuartos?
1. Tres es la suma de uno más uno más uno.	$3 = \quad 1 \quad + \quad 1 \quad + \quad 1$
2. Cada uno es la suma de tres cuartos y un cuarto.	$\frac{3}{4} + \frac{1}{4} \quad + \quad \frac{3}{4} + \frac{1}{4} \quad + \quad \frac{3}{4} + \frac{1}{4}$
	$\frac{3}{4} + \frac{3}{4} + \frac{3}{4} \quad + \quad \frac{1}{4} + \frac{1}{4} + \frac{1}{4}$
3. Cuenta el número de tres cuartos.	$\frac{3}{4} + \frac{3}{4} + \frac{3}{4} \quad + \qquad \frac{3}{4}$
Comprueba Multiplica un número entero por el recíproco de la fracción.	**4**
	$3 \div \frac{3}{4} = 3 \times \frac{4}{3} = \frac{3}{1} \times \frac{4}{3} = \frac{12}{3} = 4$

Haz un dibujo que represente cada división y escribe la respuesta.

1. $2 \div \frac{1}{2}$ _____

2. $2 \div \frac{2}{3}$ _____

Nombre _____

Relacionar la división a la multiplicación de fracciones

En los Ejercicios **1** y **2**, usa el dibujo para hallar cada cociente.

1. ¿Cuántos tercios hay en 1?

_____

2. ¿Cuántos tercios hay en 7?

_____

En los Ejercicios **3** y **4**, haz un dibujo para hallar cada cociente.

3. $3 \div \frac{1}{2}$

4. $4 \div \frac{1}{8}$

_____

_____

En los Ejercicios **5** y **6**, usa la multiplicación para hallar cada cociente.

5. $6 \div \frac{1}{3}$

6. $5 \div \frac{1}{10}$

_____

_____

7. Julia compró 3 yardas de tela para hacer anillos para servilletas. Si necesita $\frac{3}{4}$ de yarda para hacer cada anillo, ¿cuántos anillos puede hacer?

_____

8. Cuando divides un número entero por una fracción con un numerador de 1, explica cómo puedes hallar el cociente.

_____

_____

_____

Multiplicar fracciones y números enteros

Puedes hallar el producto de una fracción y un número entero.

Francesco necesita $\frac{2}{3}$ de yarda de tela para coser una camisa.
¿Cuántas yardas de tela necesita Francesco para coser 6 camisas?

Paso 1: Multiplica el numerador por el número entero.

$2 \times 6 = 12$

Paso 2: Coloca el producto arriba del denominador. Simplifica si es posible.

$\frac{12}{3} = 4$ yardas de tela

Recuerda: En los problemas verbales, "de" usualmente significa "multiplicar".

Ejemplo: $\frac{3}{5}$ de $15 = \frac{3}{5} \times 15$

En los Ejercicios **1** a **4**, halla cada producto. Simplifica si es posible.

1. $\frac{2}{3} \times 30 =$ _____

2. $\frac{3}{4}$ de $28 =$ _____

3. $\frac{7}{8} \times 32 =$ _____

4. $\frac{3}{7}$ de $35 =$ _____

En los Ejercicios **5** a **7**, usa la tabla de la derecha.

5. ¿Cuánto es $\frac{2}{7}$ de la velocidad de un guepardo? _____

6. ¿Cuánto es $\frac{1}{5}$ de la velocidad de un león? _____

7. ¿Cuánto es $\frac{1}{5}$ de la velocidad de un conejo? _____

Animal	Velocidad (en mi/h)
León	50
Guepardo	70
Conejo	35

Nombre _____

Multiplicar fracciones y números enteros

Halla cada producto.

1. $\frac{1}{2}$ de 96 = _____

2. $\frac{3}{7}$ de 28 = _____

3. $\frac{3}{4} \times 36 =$ _____

4. $45 \times \frac{4}{9} =$ _____

5. $56 \times \frac{7}{8} =$ _____

6. $42 \times \frac{3}{7} =$ _____

7. $\frac{1}{2}$ de 76 = _____

8. $\frac{3}{8}$ de 56 = _____

9. $\frac{1}{10} \times 200 =$ _____

10. $84 \times \frac{1}{4} =$ _____

11. $64 \times \frac{5}{8} =$ _____

12. $20 \times \frac{11}{20} =$ _____

13. $\frac{3}{8}$ de 48 = _____

14. $\frac{1}{6}$ de 66 = _____

15. $\frac{4}{5} \times 30 =$ _____

16. $42 \times \frac{3}{6} =$ _____

17. $72 \times \frac{5}{8} =$ _____

18. $18 \times \frac{1}{3} =$ _____

19. $\frac{5}{6} \times 66 =$ _____

20. $\frac{11}{12} \times 72 =$ _____

21. $\frac{6}{7} \times 35 =$ _____

22. Completa la tabla escribiendo el producto de cada expresión en el recuadro de abajo. Usa el patrón para hallar cada producto. Explica el patrón.

$\frac{1}{2} \times 64$	$\frac{1}{4} \times 64$	$\frac{1}{8} \times 64$	$\frac{1}{16} \times 64$

23. **Razonar** Si $\frac{1}{3}$ de 1 es $\frac{1}{3}$, ¿cuánto es $\frac{1}{3}$ de 2, 3 y 4? _____

24. ¿Cuánto es $\frac{1}{3}$ de 225?

   A 75   **B** 113   **C** 150   **D** 450

25. Explica por qué $\frac{1}{4}$ de 4 es igual a un entero.

_____

_____

Volumen

El **volumen** es la medida del espacio dentro de un cuerpo geométrico. Se mide en unidades cúbicas. Una **unidad cúbica** es el volumen de un cubo cuyas aristas tienen 1 unidad.

Cómo hallar el volumen de un prisma rectangular:

Contar bloques de unidades

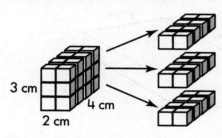

Cuenta los cubos de cada capa: 8 cubos.

Multiplica por el número de capas.

8 cubos × 3 = 24 cubos

El volumen de cada cubo es 1 cm³.

El volumen del prisma es 24 cm³.

Con una fórmula

Conoces la longitud, ℓ, el ancho, a, y la altura, h. Calcula el volumen, V, usando la fórmula $V = \ell \times a \times h$.

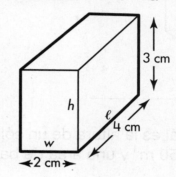

$V = 2 \text{ cm} \times 4 \text{ cm} \times 3 \text{ cm}$

$V = 24 \text{ cm}^3$

Halla el volumen de cada prisma rectangular.

1.

2.

3.

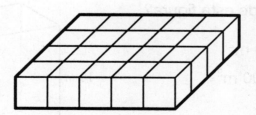

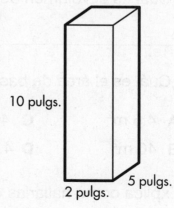

10 pulgs.

2 pulgs. 5 pulgs.

_____   _____   _____

Nombre _____

Volumen

Halla el volumen de cada prisma rectangular.

1. área de base: 36 pulgs.^{2}, altura: 5 pulgs. _____

2. área de base: 52 cm.^{2}, altura: 10 cm _____

3. área de base: 44 m^2, altura: 6 m _____

4.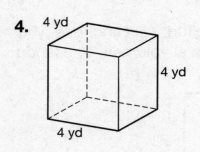

4 yd
4 yd
4 yd

_____

5.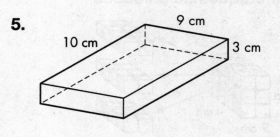

9 cm
10 cm
3 cm

_____

6. **Álgebra** ¿Cuál es la altura de un sólido con un volumen de 150 m^3 y una área de base de 50 m^2? _____

Michael compró un cereal en la tienda de abarrotes.

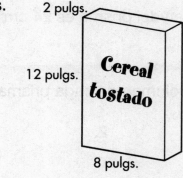

2 pulgs.
12 pulgs.
Cereal tostado
8 pulgs.

7. ¿Cuál es el área de base de la caja?

_____

8. ¿Cuál es el volumen de la caja?

_____

9. ¿Cuál es el área de base de esta figura?

A 4.6 m^2 C 460 m^2

B 46 m^2 D 4,600 m^2

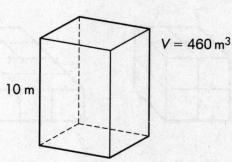

V = 460 m^3
10 m

10. Explica cómo hallarías el área de base de un prisma rectangular si sabes el volumen y la altura.

_____